丰田管理解密实践丛书

丰田
自工序完结实践指南
打造精益自动化全价值链

王庆和　一桐　胡斯敏◎编著

机械工业出版社
CHINA MACHINE PRESS

本书全面讲解了自工序完结的质量保证体系，是一本读者拿来即可在工作中应用的书。

本书详述了自工序完结的开展流程，对于制造工程的自工序完结、整车制造的全流程自工序完结、新车型开发阶段自工序完结的实施按照实施步骤进行了讲解。自工序完结是可以由制造部门向管理部门展开的，本书对管理部门如何开展自工序完结也给予了实践性的指导。人是保证自工序完结导入成功的关键，所以本书也描述了如何培养自工序完结的人“财”育成体系。“设计要件，生技要件，制造要件”是自工序完结的核心，是本书的重点内容。本书采用丰富图表、流程、案例的形式进行讲解，以便于读者使用。

本书适合作为企业生产全过程各类管理人员在工作中提高产品质量的参考书，希望读者的质量保证工作如丰田公司经常会听到的这句话一样——“试着做，做着做着就成功了”。

图书在版编目（CIP）数据

丰田自工序完结实践指南：打造精益自动化全价值链/王庆和，一桐，胡斯敏编著. —北京：机械工业出版社，2022.8（2024.6 重印）
（丰田管理解密实践丛书）
ISBN 978-7-111-71087-5

Ⅰ.①丰…　Ⅱ.①王…②一…③胡…　Ⅲ.①丰田汽车公司-工业企业管理-经验　Ⅳ.①F431.364

中国版本图书馆 CIP 数据核字（2022）第 120044 号

机械工业出版社（北京市百万庄大街 22 号　邮政编码 100037）
策划编辑：李万宇　　　　责任编辑：李万宇　高依楠
责任校对：肖　琳　王明欣　封面设计：马精明
责任印制：单爱军
北京虎彩文化传播有限公司印刷
2024 年 6 月第 1 版第 4 次印刷
169mm×239mm · 12.75 印张 · 185 千字
标准书号：ISBN 978-7-111-71087-5
定价：59.00 元

电话服务　　　　　　　　网络服务
客服电话：010-88361066　机　工　官　网：www.cmpbook.com
　　　　　010-88379833　机　工　官　博：weibo.com/cmp1952
　　　　　010-68326294　金　　书　　网：www.golden-book.com
封底无防伪标均为盗版　机工教育服务网：www.cmpedu.com

自序

Self Preface

最近一段时间笔者静心思考，诸如柯达、诺基亚等许多大企业的衰败是高层的决策错误所致，与研发能力和先进制造技术反而无关。对于制造行业如何不犯错误，如何做到产品零缺陷，也应从决策层面就考虑采用方法加以避免。在出版领域，关于产品质量的论述一般是基于品质管理体系角度的，对于如何从错误的源头、如何用科学的方法去避免或者是预防发生不良尚缺乏相关的论述。

要达到零缺陷的目标，企业首先需要贯彻“零缺陷思维”，企业最高领导者应确立“零缺陷”的决策方针。

1. 首先，要了解人力有限，只要有了人的参与，就可能犯错，就会产生不良。

2. 其次，要认可人的错误是可以预防的，进而不良的产生也可以预防（这是最基本的理念，接受了就等于建立了零缺陷思维）。

3. 第二，接受了错误可以预防的理念，就要了解错误的来源与形式，在制造过程（即工序）中了解，了解后针对不同的工序采取专属的预防与改进方法。

4. 最后，要把预防错误的方法变成制度，持之以恒地贯彻细化，就形成了自工序完结体系。

自工序完结起源于丰田汽车公司（简称为丰田），丰田运用自工序完结这一科学方法向零缺陷发起挑战。笔者作为丰田的品质管理人员，对此有很深的感悟，丰田经历了从品质控制到 TQM，再到自工序完结的漫长过程。

一位推进品质改革的丰田高层曾阐述了对组织机构长期的存在方式的修正

必要性。丰田的品质管理向零缺陷挑战，在组织结构和公司方针上都做了革命性的变革，利用强有力的组织力量改变流程达成品质方针。

在我国，随着行业市场被不断细分，在行业中能够生存下来的唯一办法就是在保证高品质的前提下持续不断地降低成本，未来很长一段时间是我国企业深度调整市场增长和内部运营（高品质低成本）平衡的过程。在运营层面，品质和成本的平衡是企业面临的最大挑战，一个汽车安全气囊品质问题让当时排名全球行业第二的某公司轰然倒下，类似的许多事实都在提醒企业，品质保证和成本递减需要平衡。

品质管理作为丰田企业形象的代表，得益于丰田始终深入贯彻“丰田生产方式”（Toyota Production System ，TPS）的经营理念。TPS 的两个支柱是准时化和自働化，其中自働化使用的是带人字旁的働字。自働化是让设备或系统拥有人的“智慧”，当被加工零件出现不良时，设备或系统能即时判断并自动停止。通过自働化改善的设备或系统，可以达到两个目的，一个是不生产不良品（实现零缺陷）；另一个是如发生异常，生产线能够立即自动停止。

随着准时化的大规模推进，丰田的成本优势逐渐显示出来，准时化的理念、系统、方法被高度地总结和提炼，所以描述 TPS 的书籍以准时化为主，自働化一开始停留在理念和一些防错装置上，没有形成一整套体系。2007 年丰田的刹车门事件导致丰田全球召回超过 1200 万辆汽车，这时自働化才被高度重视，并且开始向体系化推进。

随着丰田客户的多样化，产品结构的高精度化，为了使自働化持续发挥效能，配合生产技术革新，导入高新技术成为其必要手段。换言之，丰田致力于在更高级的品质管理系统中不断进化，在这样的努力下，才最终使“品质丰田”的企业形象稳定下来。

现在，TPS 不限于汽车行业，也被导入了更多制造业行业。实际上，稍微大一点书店的书架上不仅摆着 TPS 的解说书籍，更是摆放着数不清的以“丰田”冠名的书籍。这些书的内容有很多种类，有与作为产品的汽车相关的，有详细记述丰田历史的，有描写经营者的人物形象的，也有专注于人才育成的，多种多样。

自働化的核心抓手、落地措施是自工序完结，即在每个工序保证自己的工作和产品品质零缺陷，发现异常及时停止。随着自工序完结的推进，自働化的理念逐步被系统化，各种自工序完结的流程和方法被标准化。为了保证自工序完结的强势推进，丰田为自工序完结打造了强有力的组织保证体系。自工序完结极其简单并且有用，能促进品质提升，切实地产生效果，而且能应用在提高管理人员的业务水平上。

据笔者所知，市场上缺乏对自工序完结的具体内容、形式、运用方法、导入事例及其效果等进行说明的书籍，希望本书能对致力于提高产品品质的生产管理者有所帮助，对“丰田书籍”有所补充，对TPS两大支柱中的“自働化”有所支撑。

本书尽量用具体的案例、图表和平实的语言进行叙述。

中国制造业在品质提升方面的潜力很大，如果本书能为进一步促进品质提升稍微起一点作用，笔者将不胜荣幸。

编　者

Contents 目录

第 1 章 品质保证的历史

1.1 品质保证的原点

1.1.1 丰田佐吉所设想的纺织机

一切事物都有其历史，本书所述“自工序完结”（Ji Kotei Kanketsu，JKK）也不例外，它的起源可以追溯到丰田佐吉所设想的“丰田 G 型自动纺织机”。这个纺织机的特征之一就是，纺织机在织布断线后会自动停止。这个特征是“丰田生产方式”（Toyota Production System，TPS）的两大支柱之一的“自働化”的发展基础。所谓自働化，就是不做不良品，发生异常后生产线立即停止的模式。

与原有机器相比，虽然自动化划时代性地提高了生产力，但另一方面却出现了生产过程中即使断线，不良品也仍被持续织出来的问题。因此必须长期配置人工来监视设备的动态。为了解决这个问题，丰田佐吉导入了断线或线用尽后自动通知纺织机停止的装置。机器一旦停止，不良品的制造就会物理上停止。

由于机器能在断线的瞬间自动停止，作业者可以一个人管理多台机器。从设备的角度来看，具备了发现异常后会立即自动停止，绝不会持续制造出不良品的机构，即使没有人监视，设备也可以持续制造出良品。归根结底，自动停止装置的思想核心是“只生产良品，不依赖检查”。

丰田佐吉“不制造不良品，万一做出来了，要能立即自动感知并使设备停止”的设计思想是自働化的起源，这个理念是丰田汽车公司（以下简称为丰田）品质保证原点的基础。

这个理念后来被总结成为不依赖检查来保证品质的“品质在工序内保证”的思想、标语。这个思想渗透到丰田相关的所有职务的工作之中，形成“在本工序内完结”的工作方法，即“自工序完结”。

顺便说一下，TPS 的另外一大支柱——“准时化生产”（Just In Time，JIT），是丰田佐吉的长子丰田喜一郎在汽车事业不断发展的条件下，针对生产作业所提出的“必要的零部件，在必要的时间，以必要的数量提供给各个工序”的思想。

1.1.2　面向“顾客第一”“品质第一”

丰田在战后导入了品质控制（Quality Control，QC）。图 1-1 所示为丰田品质保证的原点，包括丰田佐吉的“丰田纲领”，以及丰田喜一郎的“监察改良精神”。

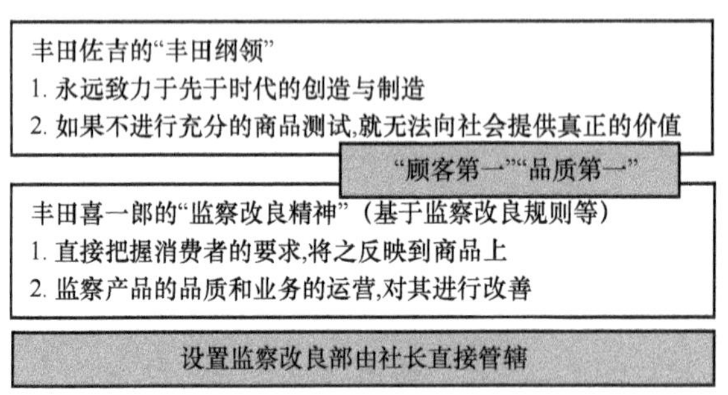

图 1-1　丰田品质保证的原点

在“丰田纲领”中，包括“将研究和创造放在心上，时常保持在时代前沿”的箴言，同时还告诫“如果不进行充分的商品测试，就无法向社会提供真正的价值。”创立了丰田的喜一郎，在 1937 年创业的同时，设置了直属社长的监察改良部，这在还没有品质管理的技术甚至词汇的当时，无疑是非常先进的一步。丰田品质保证与现在的“顾客第一主义”“品质第一主义”的品质进取精神不谋而合。

1.1.3　G1 型货车的异常事项应对

日本爱知县丰田的“爱知丰田 25 年史”文档中，记载着 G1 型货车的右侧罩管的断裂事故。

“后轮撞了电线杆……撞击瞬间，罩管就被撞坏了。”“突然之间，右侧的罩管断裂，车随即停止。”“在那之后，还没到 10 天，因为罩管断裂，车就停止行驶了，像是车轴和罩管要一个接一个断裂的样子，……”

类似每次发生这样的故障时，创业期的成员们都会与销售店一起去找客户，向客户道歉并修理汽车，并且通过一个一个实施对策，来做到品质向上。立足于这样的创业经验，丰田在创立公司的同时，设置了监察改良部。

1.2　向高品质的产品制造发起挑战

1.2.1　面向美国出口的名车皇冠的历练

G1 型货车的不良问题发生的 20 年后，丰田于 1955 年在日本首次正式发售了皇冠牌乘用车。作为代表日本风格的高级轿车，皇冠每次发售，都会获得客户的高度评价。开发时会把最先进的技术积极地融入新车中，对于历代皇冠汽车，丰田都毫不吝惜地将各种各样的产品制造的知识及技术投入其中。

皇冠汽车在日本国内首次发售 3 年后的 1958 年开始出口到美国，丰田尝试成为能够引领世界汽车产业的“汽车圣地”。虽然在日本广受好评，但是在美国时常需要持续高速行驶数小时，这种驾驶习惯的差异导致皇冠汽车出现了动力不足、行驶稳定性欠缺等问题。

在真正出口仅仅两年后的 1960 年，丰田就不得不停止了皇冠汽车的出口，这是因为皇冠的品质不能满足美国客户的驾驶要求。

1.2.2　新型汽车科罗娜的挑战和失败

考验在继续。1957 年，为了迎接私家车时代的到来，丰田发布了小型汽车科罗娜。在皇冠汽车退出美国市场的1960年向社会推出了新型科罗娜（PT-20型）汽车。极具速度感的外形及新开发的悬架等都被用在新型科罗娜汽车上，虽然在发售最初获得了高度好评，但是采用新技术的悬架却不断发生不良及漏雨等问题。

这样一来，发布时曾被寄予高度评价的车，最终却给人“科罗娜这车太弱了”这样的印象。归根到底，还是因为积极导入新结构的实车试验不够充分。

这样来看，丰田虽然在日本国内外积极挑战制造高品质的产品，但是不论是皇冠还是科罗娜都发生了品质问题。

1.2.3 TQC的导入

皇冠和科罗娜遇到质量问题真正的原因到底是什么呢？

初代皇冠的发售，继而科罗娜系列的投入使丰田迅速发展，1955—1960年期间，汽车生产台数有了飞跃性的增长，与此同时，公司员工增长了2倍，生产产量增加了7倍。

但是，新人的增加导致教育不彻底、管理者能力不足等问题不断浮现，完全没有时间和人力来推进品质提升。与效率提升相反，该现象导致了品质的恶化。换句话说，皇冠和科罗娜产生品质问题的原因之中，不仅有新车开发技术的问题，还潜藏着这样的组织性问题。在这种状况下，怀有危机感的当时在任的丰田英二副社长于1961年毅然导入了TQC（Total Quality Control）。设立了QC推进本部，本部长由丰田英二副社长担任，副本部长由丰田章一郎常务担任，开始了品质提升事业。

1.2.4 “品质在工序内保证”

TQC的导入期（1961—1962年），丰田英二社长提出了关于品质的明确指导方针——“检查的理念，是不检查”。另外，将一直以来都是以一部分人为对象的QC教育推广到全公司，同时开展不良减半运动，加深全员对品质管理思想和效用的认识。

经过这样脚踏实地的积累，丰田将原本现场根深蒂固的实现品质第一的理念——“检查够严格的话，品质会变好”，改变成了“品质在检查前保证”的理念。

1962 年，在“第 3 次品质月期间”，丰田向全体员工分发了名为《品质在工序内保证》的小册子（见图 1-2）。在这本小册子中每个人都是品质保证的主角，并且对极其重要的“品质在工序内保证”这一点进行了说明。

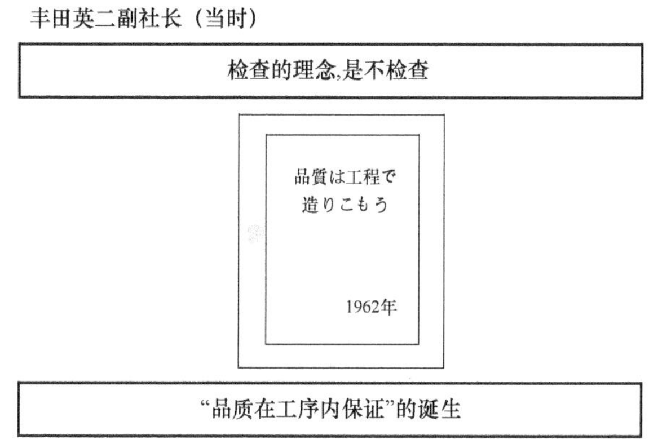

图 1-2　1962 年丰田向全体员工分发的小册子

1.3　TQM 导入后的环境变化

丰田在日本汽车化发展迅速的 20 世纪 60 年代，通过引进 TQC，质量方针从以统计品质管理为中心的品质管理活动转变为以提高所有工作质量为目标的活动，致力于各种改善和组织架构的整备。

那个时候丰田构筑的品质基础，在 20 世纪 80 年代之前，作为克服各种各样考验的原动力发挥了很好的作用，但是进入 20 世纪 90 年代后，日本经济泡沫的崩溃导致销售量锐减；而伴随着全球化的扩大，带来工作的复杂化和工作人员的多样化、工作的高速化、技术的提高、制造速度的提高，使丰田一直以来的高品质工作的优势变得很难维持。因此，1995 年丰田把焦点放在每个工作的人身上，将其定位为提高管理质量的整体活动的主体，谋求全面质量管理（Total Quality Management，TQM），并逐步进行强化，丰田 TQM 的历史如图 1-3 所示。

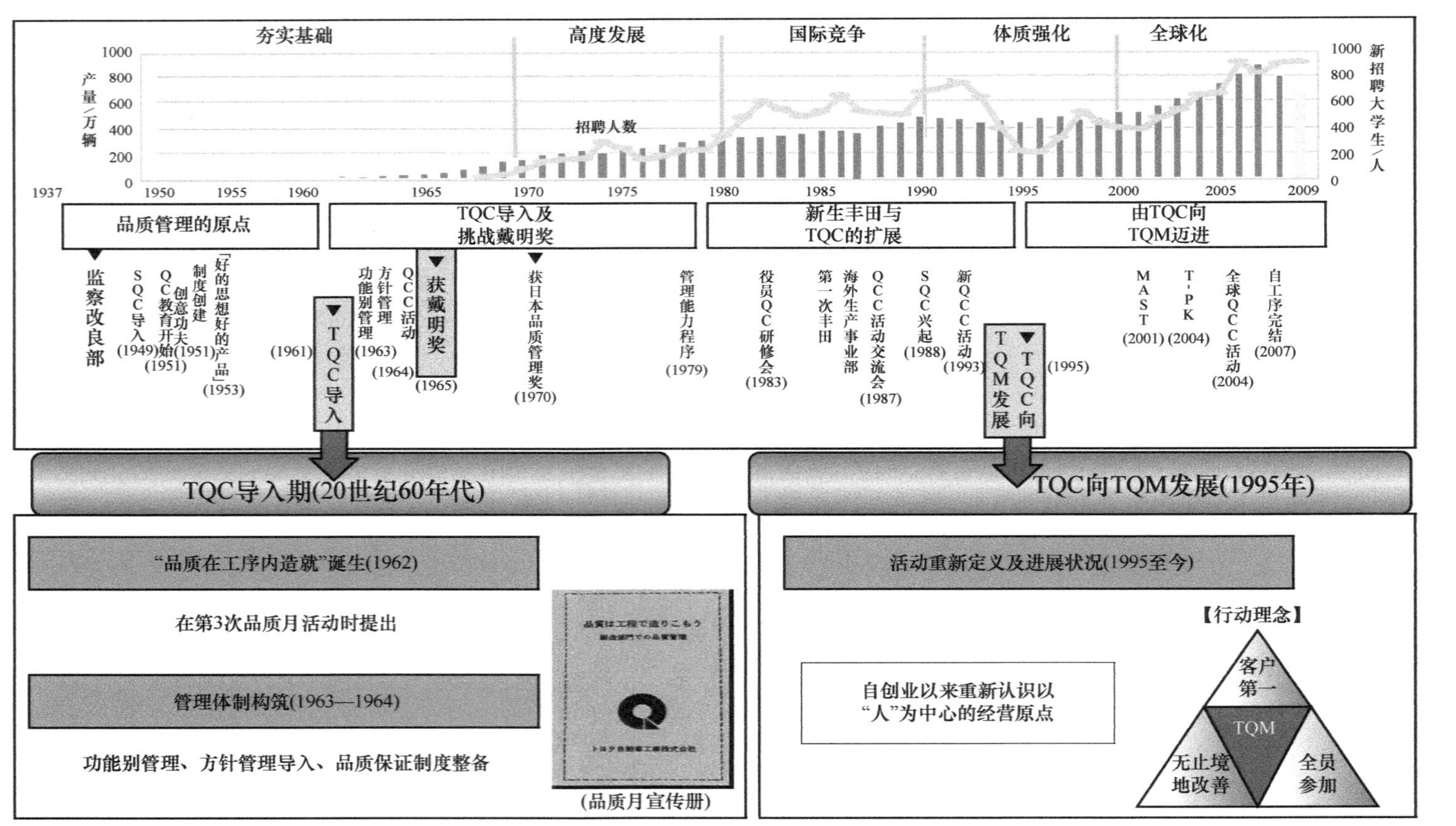

图 1-3　丰田 TQM 的历史

然后，随着海外生产的进一步扩大和商品种类的增加、业务的膨胀等，丰田面临各种各样的问题。其中一个问题是工作的分工化和细分化，从前的职务联系逐渐变得难以看清，在不知情的情况下，没有兼顾到后续工序（客户）的工作方式已经改变了，看不清职务联系的结果是，增加了工作的返工和给后工序带来麻烦等风险。

另一个问题是人才的多样化。随着对派遣员工和业务委托等模式的依赖度增加，培养人才，使其在职场积累经验变得困难，远程工作也剥夺了交流指导的机会，不知不觉中越来越多的工作人员孤立无援地进行着工作，对于如何支援部下的困惑与日俱增。

第 2 章 自工序完结致力于新时代的品质打造

2.1 工作品质的改变

丰田把 20 世纪 60 年代初期提出的“品质在工序中保证”的精神应用于所有的工作，采用的不是“把工作的好坏判断委托给上司和后工序”，而是“负责人自己判断好坏来推进工作”的工作方法，实现了质的改变。负责人自己判断好坏来推进工作如图 2-1 所示。

图 2-1　负责人自己判断好坏来推进工作

在每个人的工作中实践“品质在工序中保证”，这种工作方法即“自工序完结”。

2.2 日本清酒的酿造

日本清酒的酿造过程如图 2-2 所示。日本清酒的品质就是在工序内打造的，在酿造过程中切实管理合格品条件，依靠自工序完结保证品质。

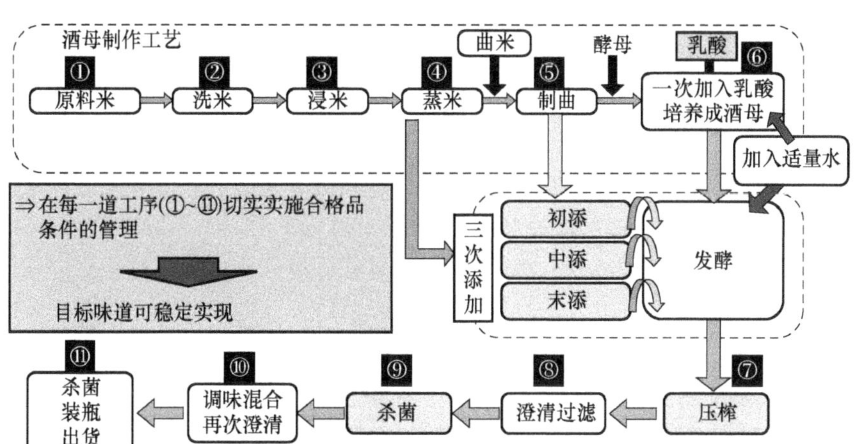

图 2-2　日本清酒的酿造过程

清酒每一道工序的合格品条件都被明确而且被保证，比如三次添加酵母发酵，初添、中添、末添，每一道添加都规定有合格品条件，初添→实，中添→实，末添→半，这样作业要素很明确，每一道工序都严格遵守合格品条件，产出的清酒质量稳定，不会受自然条件的干扰。

2.3 自工序完结的概念

2.3.1　自工序完结的核心概念

自工序完结以“负责人自己在工作的场合判断好坏，当场处理”的工作方法为核心概念，否定了“根据上司的检查和有无后工序的投诉来判断自己工作好坏”的工作方法，如果根据负责人自己的判断认为完美的话，就尊重负责人的判断。这是丰田一直建立的尊重人性的文化，也是丰田模式（Toyota Way）的核心理念，继承了丰田佐吉 G 型自动纺织机的设计思想。好坏的判断是由构成业务流程的作业单位（要素作业）进行的，自行检查在开始作业时是否具备必要的事项（必要的输入信息、工具、方法等），在结束作业时自行检查完成的输出是否满足后工序的需要，一边自行检查一边进行工作，就是自工序完结。

自工序完结用构成业务流程的一个一个要素的连锁来定义工作，如果每个要素的工作都规定有明确的动作，可以保证工作整体的完结和最终成果的输出。一个一个要素的连锁如图 2-3 所示。

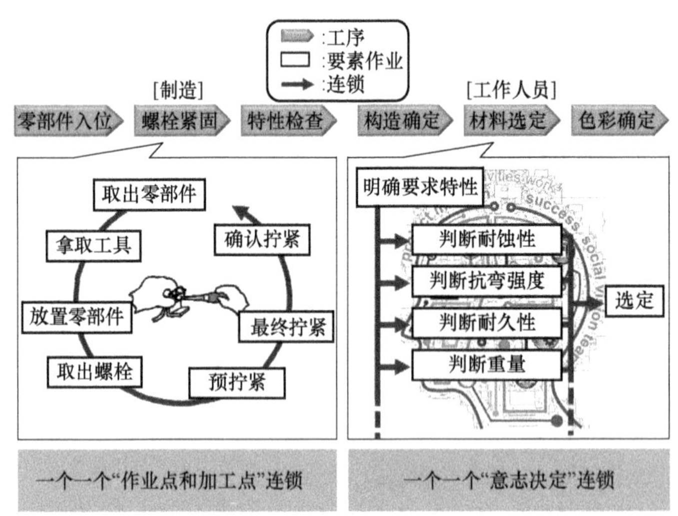

图 2-3　一个一个要素的连锁

2.3.2　自工序完结标准的螺旋上升

实施自工序完结时，不仅仅涉及详细的业务流程，还要求明确能够准确执行一个作业（要素作业）的条件（良品条件）和判断成果是否合格的基准（判断基准）。不是单纯以业务标准化为目的，而是将目前已知的最好工作方法定位为标准，作为下一项工作的基础加以应用，在下一项工作中对标准内容不断地加以改善，再将其作为下一项工作的基础（标准）。因此，自工序完结中的标准绝不是固定的，而是作为追求最好工作推进方法的基础被应用，其要在不断的实际业务中螺旋上升为更好的新标准。

2.4 自工序完结的目标

自工序完结的结果是业务高效化、高速化，真正的目的是提高实际业务负责人自身的积极性。负责人根据自己的想法和决定来推进工作，其结果的好坏会被认为是自己工作的好坏，如果被顾客评价为好的话，对改善的热情会增加，如果被评价为不好的话，就会发现自己工作的弱点，这就是自工序完结的目标，即激发员工向上的动机，如图 2-4 所示。

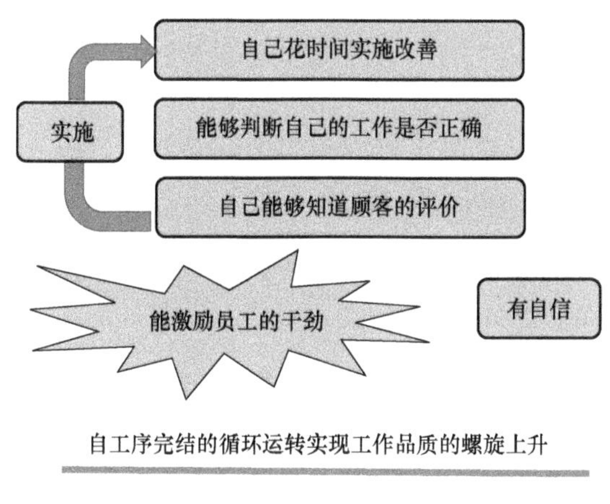

图 2-4　向上的动机

此外，经常把握后工序需求，实现符合需求的工作成果可以提高后工序的满意度，以及以流程为方向把握工作，可以确认工作的完成度，可以明确为什么会得出好的结果，这些自工序完结带来品质提升的好处如图 2-5 所示。这样的工作风格可以促进传承和沟通，也会给员工带来喜悦感。当然，将最好的工作方法确定为标准，可以减少返工，使工作高速化。

自工序完结是一种“经常追求最好”的工作方法，是为了自己发现工作中的不足而采用的工具。用工序负责人自己的想法来衡量是否处于能够做好工作的状态，“注意到不足并改正”是关键。

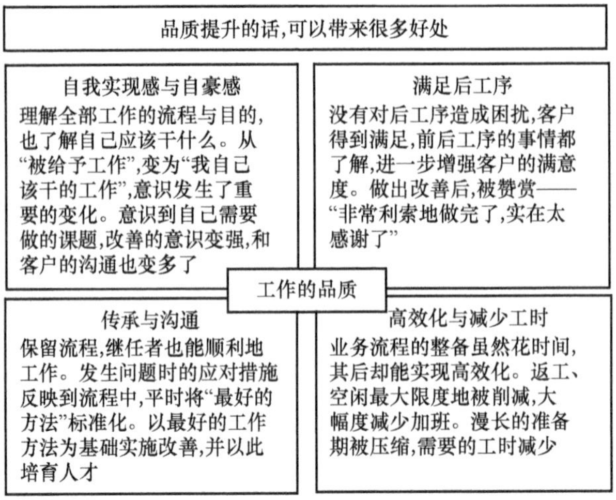

品质提升的话,可以带来很多好处	
自我实现感与自豪感 理解全部工作的流程与目的,也了解自己应该干什么。从“被给予工作”,变为“我自己该干的工作”,意识发生了重要的变化。意识到自己需要做的课题,改善的意识变强,和客户的沟通也变多了	满足后工序 没有对后工序造成困扰,客户得到满足,前后工序的事情都了解,进一步增强客户的满意度。做出改善后,被赞赏——“非常利索地做完了,实在太感谢了”
工作的品质	
传承与沟通 保留流程,继任者也能顺利地工作。发生问题时的应对措施反映到流程中,平时将“最好的方法”标准化。以最好的工作方法为基础实施改善,并以此培育人才	高效化与减少工时 业务流程的整备虽然花时间,其后却能实现高效化。返工、空闲最大限度地被削减,大幅度减少加班。漫长的准备期被压缩,需要的工时减少

图 2-5　自工序完结带来品质提升的好处

2.5 开展自工序完结的顺序

开展自工序完结的顺序是:

1）明确满足客户需求的工作目的、目标。

2）明确员工有自信推进工作的要素作业的细化业务流程。

3）明确判断各要素作业输出成果是否合格的判断基准。

4）针对各要素作业所要求的成果，明确能确实生产出合格产品的良品条件和判断基准。

5）执行业务流程。

2.5.1 确认工作目的、目标和业务流程

自工序完结所要求的“确实的决定”，应在每个要素作业中推行。不管是什么样的工作、要素作业，均应首先明确其目的和目标，即“为了什么，做什么，怎样做?”等，充分理解输出的后工序或产品最终顾客的要求是什么，进而明确成果物是什么内容和状态。

为了实现工作目的和目标，在完善业务流程时，与所有相关部门的合作是很重要的。将接收信息的对象部门作为前工序，将传递信息的对象部门作为后工序的工作联动，被称为业务流程。这里有必要对与前后工序交换的信息内容和时机进行整合，正确认识与相关前后工序部门之间的相互作用是非常关键的。

通过与前工序的沟通，明示每个要素作业所需的输入信息的内容和必要时间。另外，通过与后工序的沟通，明示输出的内容和提供时间。从上一个工序开始，在必要的时间提供必要的信息，对后一个工序进行整合，直到在规定时间内提供所需的信息被后工序接受为止，这是业务流程设计，是自工序完结的基础，如图 2-6 所示。

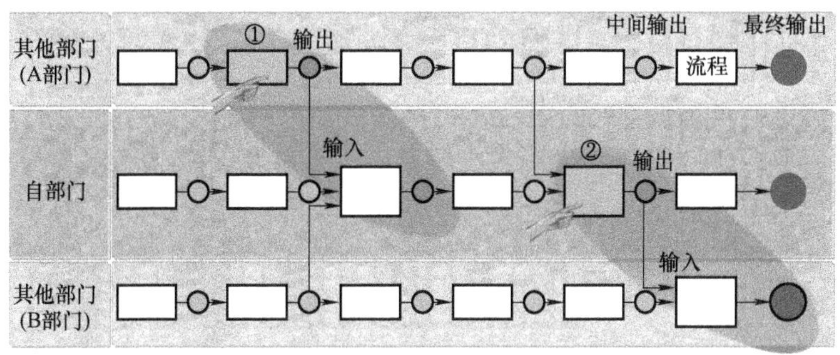

图 2-6　业务流程设计

2. 5. 2　明确判断输出是否合格的良品条件和判断基准

开展工序完结时，为了让负责人自己“决定”输出的好坏，要求明确是否合格的良品条件和判断基准（见图 2-7）。

在开始要素作业之前，需要确认是否具备了能够准确无误生产的充分必要条件，即良品条件，明确良品条件是自工序完结的特征之一。

具体来说，以下五项是充分必要条件，因为目的是产生好的成果（良品），将它们总称为良品条件（见图 2-7）。

- 必要的输入信息——从上一道工序接收，作为要素作业中附加价值对象的基础信息。

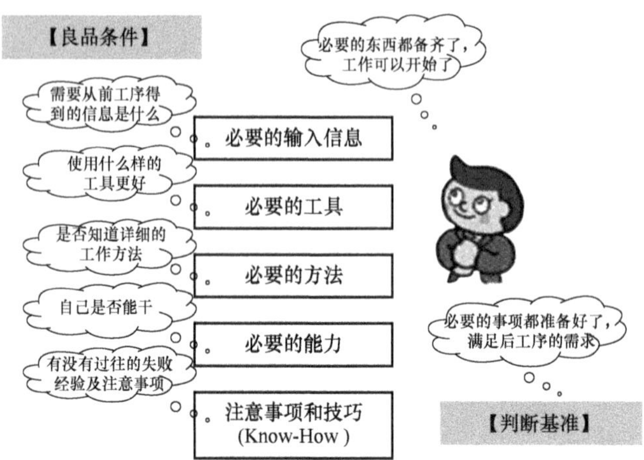

图 2-7 良品条件和判断基准

- 必要的工具——指定的软件、器具等。
- 必要的方法——详细的工作手册、软件的使用方法、测量方法等。
- 必要的能力——能够熟练使用工具、应用方法的能力。
- 必要的注意事项和技巧——过去的失败经验、基准等形成的背景、须掌握的技巧等。

2.5.3 执行业务流程

1. 业务 PDCA

在进入实际业务之前的业务流程整合、业务中途的流程细化、业务结束后的回顾和改善是业务 PDCA 的基础。尊重负责人自己的判断的自工序完结，要求负责人以能掌握的范围内最好的工作方法为基础，将自己工作所要求的条件和制约加入业务流程中，经常寻求最好的工作方法。为此，在有重复性的业务中，要求前任人员进行与下述⑤相当的回顾和改善，要求继任者以此为基础，整备与每次的充分必要条件、制约相结合的下述①的业务流程。

① 以最近执行的业务流程为基础，整备加入各次要求的条件和制约的流程。

② 确认良品条件完备后开始要素作业。

③ 确认所产生的输出符合判断基准后，再进入下一个作业。

④ 不满足良品条件、输出不满足判断基准时，判断为异常，进入异常处置流程。

⑤ 完成工作的最终成果后，回顾业务流程、良品条件、判断基准，并实施改善。

2. 管理者的作用

在上司和部下的关系中，以整备好的业务流程内容为基础，由负责人根据自己的判断推进业务要素作业和事先确认需要上司支援的要素作业。应将“上司和部下共享工作进展正常还是异常”作为理想状态，而不是完全放手的转让权限。

管理者负责为部下创造一个能用最好的推进方式来完成工作的环境，经常把最好的工作推进方法定为标准要求部下执行，以此为基础促进进一步的改善。因此，管理者应计划性整备业务流程、整理整顿必要的共享信息，不要因为有实际成果就省略必要的控制，应要求部下彻底贯彻工作的原理原则。

为了了解没有良品条件、判断基准等因素的挑战性业务领域，也应该进行一系列的自工序完结整备，该领域的业务是通过反复尝试和错误等来推进的，以经验和知识为基础，努力将该领域的业务打造成自工序完结业务。

2.6 自工序完结的导入

最初导入自工序完结的是制造品质的领域。

以往，防止漏雨品质的保证依赖于在完成检查线上设置的淋雨检查设备的全数检查。但是，使用在短时间内喷射大量水的检查方法，无法检测出在像梅雨季节的五月雨那样的环境中一点一点地渗水的不良品，所以依赖检查的品质保证是有界限的。

因此，为了不依靠淋雨检查设备而保证良品输出，丰田进行了“向零漏雨挑战活动”的自工序完结，对于所有贴着“雨”字标签的部位，彻底进行了“怎样才能防止漏雨”的讨论。除了确保冲压品、车体打胶、点焊的针孔、大灯和防水胶条等采购品的工艺质量或零件精度外，还对防止人员错误的作业进行了改善和训练，对能够正常组装的产品构造及与漏雨有关的所有的要点（800 多个工序）进行了修改。向零漏雨挑战活动如图 2-8 所示，其结果是，可以实现不依赖淋雨检查设备达成零漏雨。

◆ 对于检查（漏雨检查）品质保证的界限

-需要经过一段时间后才会发生的漏雨难以发现

-原因过多（800多个工序）

-组装需要花1天以上的时间其后再检查

⇨ 很难找出原因

◆ 无法增强作业者的干劲

-即使按照规定好的标准工作也出现问题……（作业员）

-好不容易才发现了问题……（检查员）

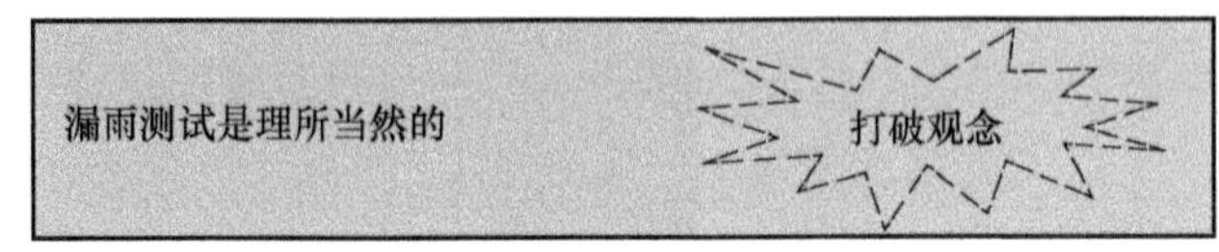

图 2-8　向零漏雨挑战活动

整备作业标准时，应坚决执行“制造要件”，准备好容易生产良品的设备和工序的“生技要件”，确保不需要担心作业的产品构造的“设计要件”，将这三项整理成“制造的自工序完结三要件”，然后逐渐地渗透进工作之中。

面对新时代的各种要求和变化，丰田需要提升办公室业务质量，作为提高丰田工作质量的自工序完结被认为是最合适的方法，因此丰田开展了技术、事务性工作方面的自工序完结，如图 2-9 所示。“自工序完结”被列于丰田公司方针政策之首，开始在公司的所有部门展开。此外，自工序完结在供应商和海外公司的推行也具体化了。在导入工作人员工作的第 3 年，自工序完结被编入 TQM 活动，作为“以自工序完结为中心的 TQM 活动”开始正式地进行普及，并作为日常活动被推进，直至现在。

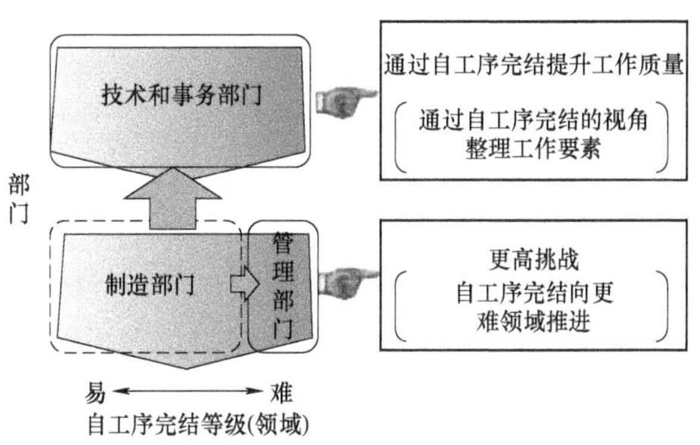

图 2-9　技术、事务性工作方面的自工序完结

2.7　自工序完结的开展情况

2.7.1　在丰田公司内部的发展

在决定了在全公司开展自工序完结的方针后，公司成立了由 4 名员工组成的自工序完结推进室作为推进组织，开始了普及活动。起初，在制造工序中使用的技术性语言（自工序完结、要素作业、良品条件、判断基准等）在办公室工作岗位中推广的过程并不顺利。推进室为自工序完结的实施提供了解说视频和网络学习，为共享实施案例举办了展示会和演讲会，提供了让人注意到自己工序完成不足的检查表，提供了业务流程设计工具等，通过员工身边的事情开展自工序完结推进活动。

为了促进丰田全公司工作的本质性改善，组织性的措施不可或缺，公司除了在年度方针中提出了自工序完结的措施外，还在公司内 250 多个部门设置了推进负责人，整顿了致力于部门内推进的体系。各部门领导为了自己能理解自工序完结的有效性，亲自召集全员召开说明会，召集各部门的推进负责人召开研修会等，展开了广泛的推进活动。自工序完结在公司内被全面认可后，再根据职能情况和工作特性采取不同的行动。

2.7.2 在供应商处和海外事业单位开展

丰田公司的与产品质量密切相关供应商也在积极致力于推进自工序完结。丰田发布自工序完结后，供应商也开始推介该措施，形成了丰田和供应商双方互相学习的风气。

在丰田的海外事业单位中也普及了自工序完结的想法，特别是在北美。丰田在北美的综合管理公司领导着全美事业体，所有事业单位都协调一致，共享成果的普及。自工序完结实施活动的扩展如图 2-10 所示。

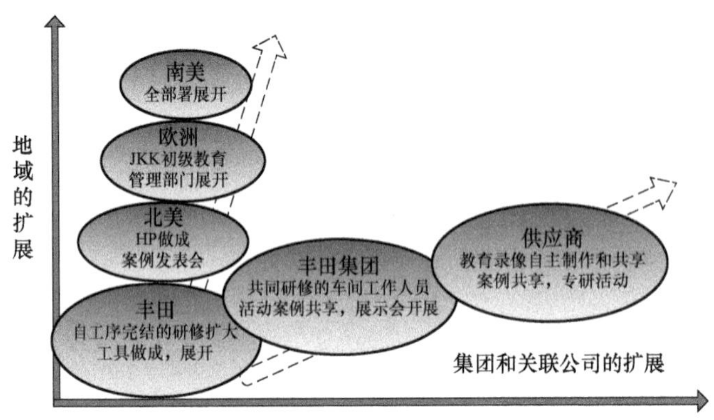

图 2-10 自工序完结实施活动的扩展

第 3 章 制造工程的自工序完结

自工序完结产生于制造工程，然后推广到了管理部门，是 TQM 中提升工作品质的具体方法。

3.1 丰田生产方式（TPS）与自工序完结的关系

TPS 的两大支柱是 JIT 和自働化，各自发挥着重要的作用。那么 TPS 与自工序完结到底有什么关系呢？从 TPS 的本质和历史中，产生了自工序完结方法的概念。

3.1.1 TPS 的概念

TPS 是不属于其他任何类别的独创性的思考方法。它的精髓直白地说，就是以彻底排除浪费作为基本思想，在企业经营中持续合理地推动成本递减思考方法和做法。

TPS 的思考方法和做法，是以工业工程（Industrial Engineering，IE）理论为基础的，但是不是单纯的借用，而是在将丰田佐吉的自働化和喜一郎的 JIT 在不断实践中完善的独特做事方法，从创业初期就被一代一代地继承发展了下来，绝不是一朝一夕完成的。

3.1.2 TPS 瞄准的目标

TPS 的基础是“彻底消除浪费”的思想。这里的浪费，在某些情况下是库存，在某些情况下是作业本身，而在某些情况下是不良品。浪费又产生浪费，各种情况犬牙交错，最终给企业的经营带来压力。

劳动，可以理解为提高附加价值的生产要素；浪费，可以理解为提高成本的生产要素。消除生产场所的浪费是指消除与增加附加值无关的多余的生产要素，这样，成本自然就降下来了。

从生产现场来说，不论被认为多么重要的作业，多么重要的设备或者搬运工具，多么必要的库存，只要制造方法一变，都有可能不再需要。

第一眼看感觉是必要的东西，分析后可能会被明确判断为浪费，将这样的思考方式融入制造方法是非常重要的，“工厂处处都存在着浪费”这一想法在丰田得到广泛推广。

3.1.3 TPS 的两大支柱

TPS 将 JIT 和自働化称为两大支柱。

制造产品时最理想的状态是设备、人等全部没有浪费，只存在高附加值的劳动。想办法最大限度地接近这个理想状态是至关重要的。为了接近这个理想状态，丰田设立了 JIT 这一支柱，针对各部分作业之间、生产线之间、工序之间、工场之间等进行改善并不断积累，编制出很多方法和技法。

另一方面，如果发生不符合标准的情况（异常），能够自主判断并停线，这就是自働化这一支柱。自働化生产方式不仅针对机械设备，还能扩大应用到一般的搬运作业领域，进而使异常明确化，通过追究异常原因，一个一个地采取对策，能使浪费减少，从而更加接近理想状态。

TPS，可以说是将两大支柱作为实现理想状态的途径，让现场各生产线朝着这两个方向不断挑战的思考方法和做法。

3.1.4 自働化

自働化的目的是要实现自工序完结，自工序完结作为实现“品质在工序内造就”的工作（作业）方法，是通过自働化被传承下来的。

1. 自働化

只要按一下开关就能自动动作的机器很多，而且最近机器性能越来越高，速度越来越快。曾经发生过只要零部件卡在设备里，高价设备或磨具就瞬间损毁的情况，有时这样不到一会工夫还会出现数十、数百的不良品。机械设备、磨具破损和制造不良的时候，不应被认为是在劳动，或者说不应被认为是在工作，那仅仅是在动而已。

在仅仅做动的自动机器中，没有防止设备故障，避免生产大量不良品的功能。为了防止发生这种情况，需要安排一个看守的人。但是，这样的自动化远没达到效率化的程度。因此，在丰田这种自动化被非常谨慎地对待。

在丰田，不仅关注自动化，更强调带单人旁的“自働化”。自働化就是在机器上设置了“良好与否的判断”机制，机器本身就形成了不生产不良品的机制，所以不需要看守的人，1 个人可以管理很多台设备。这样就达到了工时降低、生产效率大幅提高的效果。

2. 可视化管理

推广自働化思想的努力，不仅使制造的员工得益，也有益于管理者、监督者。就像适用于装配线那样，自働化也适用于由人来作业的生产线。在出现不良品时，如果生产线继续流动的话，就会在某一时刻变成长期生产不良品，生产线后端就不得不设置检查员和返修班了，就像自动设备旁边设置看守人员一样。这样的情况，正是推广自働化思想的原因。

因此，平时确定好标准作业，出现与其矛盾的情况时生产线立即停止。生产线一旦停止，管理或监督人员立即追究其异常的原因，并解决该异常，改善后反映到标准作业中。通过重复这个循环，就渐渐地可以低成本制造出好的产品了。

就这样，通过推进自働化，正常的时候机器做动，异常的时候自动停止，等待人来处置的这种方法成为可能，因而 1 人同时管理多台设备的情况也成为可能。

要让管理顺畅地进行，要平常就做到一眼能看出问题的程度，丰田的另一个管理方法“可视化管理”应运而生。丰田制造现场有能够看到实际异常发生位置的光电揭示板，称作安灯。作业者如果发现了异常，拉一下线边的拉绳，安灯上立即能显示出发生异常的位置。在自动线上，如果设备出现异常，会立即自动停止，并在安灯上反馈异常。

自働化要素之一的异常管理（可视化管理）就是这样发展起来的。

3. 自働化→自工序完结

自働化将人的权限转让给机器，异常发生时，机器自动停止。自働化的精髓并不是在异常发生时自动停止的功能，而是朝着机器不停并持续顺畅生产的目标进行改善活动。

在产品的高结构化及高性能化、生产技术革新的进程中，由要素作业构成良品条件的情况越来越少，“品质在工序内造就”这种理念仅止步于“注意”的情况随处可见。因此，丰田利用自工序完结这个理念收集或分析造成不良原因的数据以科学的方法明确并加以改进，使员工对“品质在工序内造就”的理念具体化。

为了使客户在10~20年后依然给予好评，丰田不仅在产品制造现场推行自工序完结理念，也认为其他所有的工作岗位都有必要推行这个理念。

3.2 制造工程的自工序完结要点

自工序完结的要点是品质在工序内造就，但是在实际的制造现场，由于技术的高难度化和复杂化，导致没有明确的作业要素判定基准与良品条件的情况多了起来，自工序完结理念有时仅仅停留在了解的程度。

为使理念落地，丰田利用统计质量控制（Statistical Quality Control，SQC）等方法，将理念转变为科学理论和实施步骤。

3.2.1 自工序完结的三要件

自工序完结的中心思想是“作业者能够当场判定自己工作的好坏，并能当场进行处置”。自工序完结实施良好与否，要在每一个作业点和加工点实现和判断。

作业点或加工点，是由一系列动作要素构成的，例如组装的要素作业是取出零部件、拿取工具、放置零部件、取出螺栓、预拧紧、最终拧紧、确认拧紧动作（见图 2-3）。

这些一个个的作业点和加工点（以下称为要素作业）有各自良否的判定基准。如果要素作业具备了生产良品的要件，那么就认为该工序具备了自工序完结的条件。能够通过各种要素做到正确作业生产良品的三要件包括设计要件、生产技术要件（以下简称为生技要件）、制造要件。设计要件与物（良好设计）、生技要件与设备（良好工序、设备）、制造要件与人（良好的作业方法、技能），各自有着深层关系，制造工程自工序完结三要件如图 3-1 所示。

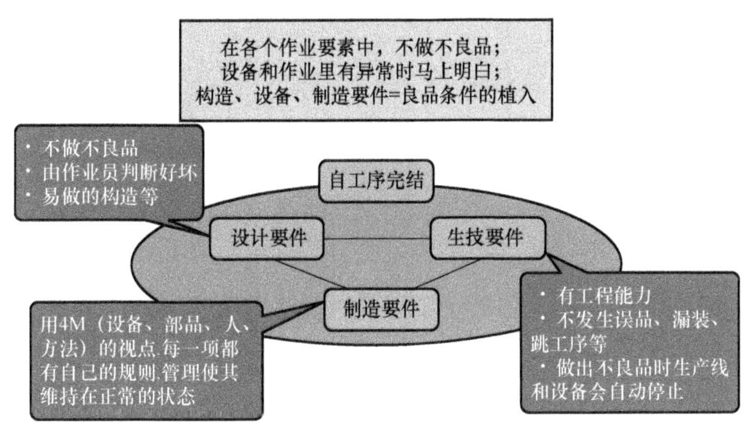

图 3-1　制造工程自工序完结三要件

对三要件说明如下：

1）设计要件：以零部件发挥应有功能为前提，易于量产，组装时作业者易于拿取的状态。

2）生技要件：设计要求的零部件可以量产，设备及工具易于作业。

3）制造要件：将能够生产良品的作业要领书及可实施作业的能力整备好。

自工序完结通过将“不制造不良品，设备或作业异常发生的话能立即知道”的良品条件融入工序，最终达到作业者本人能够当场判断良品与否的状态。

3.2.2 品质保证的两类方法

1. “检查”和“在工序内打造”

品质保证的方法大体分为两类，一类是“检查”，另一类是“在工序内打造”。两类品质保证方法的特点及其保证程度的优劣不同。

通过检查来保证品质的方法，是以不良会出现为前提，并以其作为基础评价检查的结果，调查发生不良的原因并反馈给前工序的活动。换句话说，就是每次发生不良都会分析问题对策，再反馈给前工序来防止的活动。

通过检查来保证品质的方法，从体系运行层面来说比较容易实施。但是，单纯依赖检查作为保证品质的手段，存在着以下几方面的问题。

1）检查存在滞后性，当发现问题时，意味着生产线上已经存在大量的不良品了。然后需要进行现象的确认、原因的分析、对策方案的制定和实施，这些都需要时间。当然会存在分析出的原因不正确，实施的对策效果不好等情况，这样就又进一步导致时间的浪费和成本的升高。

2）检查存在局限性，如汽车在装配完成状态下，并不是每一个部位都可以检查的。保险杠里面的铝材加强梁，它的安装状况在装完保险杠的一瞬间被完全挡住了而不可见。像安全气囊、车内的一些线束端子等零件都存在相同的情况。仅仅依赖于成车的检查会产生很多隐性的问题。

3）检查存在初期性，只能对于产品处于检查线的瞬间状态进行确认，但是有一些问题可能要经过一段时间才会暴露。比如在后备厢侧面和保险杠里侧，有一对用于保持车内气压平衡的出风口，是通过橡胶垫圈的封口与钣金的过盈匹配来保证不漏水的，如果组装时稍微有一些倾斜或者按压不良的情况，初期可以通过橡胶的弹力来弥补，出货检查时不会有漏水。但是出厂之后，随着橡胶的老化，橡胶弹力下降进而演变成漏水不良的案例时有发生。

基于上述的几个原因可以发现，通过检查来保证品质本身存在缺陷，这与检查作业者是否努力无关，而是其本质存在问题。

“在工序内打造”来保证品质则有着完全不同的思想理论基础。它把在工序内不制造不良或者以无法制造出不良作为目标，作为品质保证的前提。通过有针对性地管理进行品质保证，减少在制造过程中产生不良的可能性，并持续改善，未然防止可能发生的不良。相对于通过检查来保证品质的三个弱点，在工序内保证品质的保证度明显会高很多。

1）工序内保证具有实时性，从而进行有针对性的管理，发现异常实时处置，减少不良流出的风险。

2）相对于成车检查中很多零件被遮挡，无法确认的情况，在工序内确认可以更清楚地确认相关部位的品质，不存在检查的局限性。

3）对于耐久品质，在明确这类品质无法通过检查来保证之前，就需要更有针对性地优化生产条件，做好未然防止，以降低发生问题的可能性。

还是以上述的出风口为例，如果在工序内确保钣金的平整度，并且保证橡胶圈可以切实地装配到位，后期即使橡胶老化，弹力减弱，也在许可吸收范围之内，从而可以保证不会漏水。更进一步地说，由于作业者当时就知道自己的作业做到什么程度就可以保证品质，他的信心也会提高。

这种在工序内保证品质的理念是丰田品质保证的基本思想，即自工序完结。

自工序完结的定义是，制造工序作业者在工作时就可以判断其作业是否合格，如果不合格则能够进行及时有效的处置，之后产品才能够进入下一道工序的作业理念。

2. 令人期待的技术突破和组织再造

“检查的理念就是努力做到不再需要检查。”这句话由丰田英二所说并被继承下来。也就是说，在各加工、组装工序中，如果能够做到确保品质，就不再需要检查了。

维持并管理工序，使其保持良好的状态，这是品质管理的基础。也就是说，需要做好的不是在后工序严密检查，而是追求在本工序就能保证品质。

即使从商业的成本和运营角度出发，也有必要脱离以流出防止为主的检查，并转为“品质在工序内造就”的自工序完结体系。

要实现自工序完结，不仅要用心，还要能够活用技术，因此也要致力于技术突破。

3.3 自工序完结的基本理论框架

3.3.1 工序的概念

工序这个词在中文里表达的是一种工作的顺序。在丰田的自工序完结理论体系里面，对工序的内涵和外延进行了丰富。首先，将工序作为以人为中心的，即一个人的作业就叫作一道工序。不管是制造性作业还是检查性作业，也不管是单纯的人工作业还是人与设备的配合作业，甚至不管一个人操作多少设备，只要是由他来操作机器，这些都算是一道工序。其次，每一个工序要有与其相关的前后工序，是整个工作流程中的一个环节，每一道工序出了问题，都会影响产线整体的生产效率。

自工序完结是以一个个工序为单位开展的，可以将工序定义为单个作业者或设备循环往复的作业岗位。考虑到工序的复杂性，一般工序中的作业可以分为“人员作业”“纯设备作业”及“人+设备作业”三种作业类型。

(1) 人员作业：以单个人的作业岗位为一个工序，例如工序涉及5个车型并由早晚班（2个班次）人员作业，也算作1个工序。人员作业工序如图3-2所示。

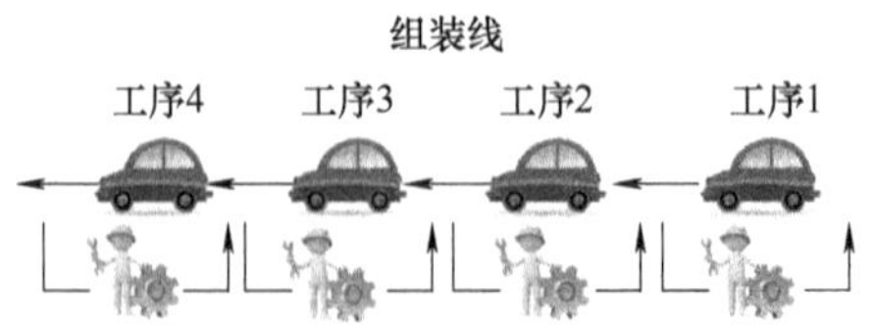

图3-2 人员作业工序

(2) 纯设备作业：从原材料投入到半成品（成品）输出的单台设备（或自动线）作业为一个工序，如图3-3所示。

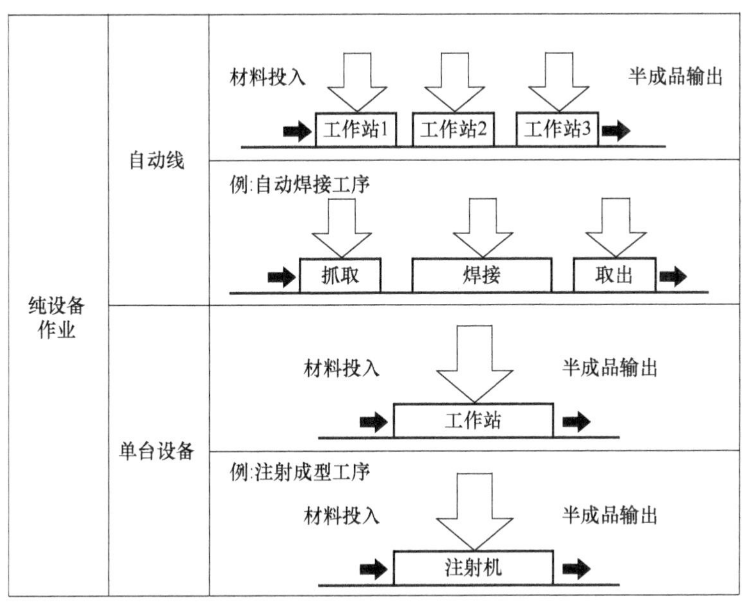

图 3-3　纯设备作业工序

（3）人+设备作业：以单个作业者管理（使用）的设备作为一个工序，如图 3-4 所示。

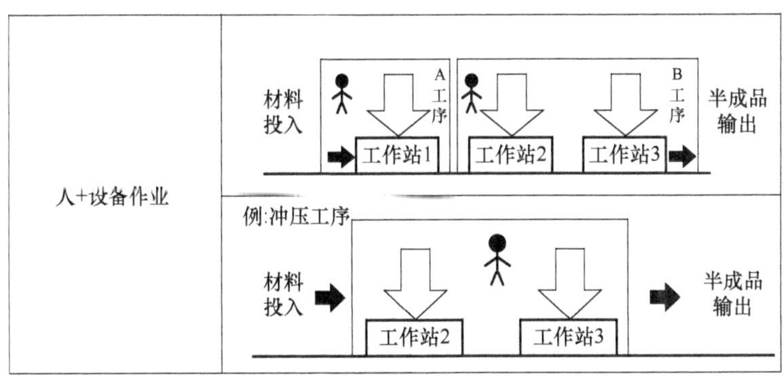

图 3-4　人+设备作业工序示意图

上述三类工序划分方法可能无法适用于所有情况，若所在工序节拍变动较为频繁、单人作业内容变动较多或无法按照上述方法划分，也可以按照作业要领书为单位进行工序划分，即把一份作业要领书作为一道工序。

3.3.2 作业要素

工序品质的打造需从细节做起，所以必须将工序的作业进行分解，确保细分的每一步作业都能满足作业的目的。如何定义细分的作业呢？这里引入作业要素的定义——作业者可以判断自己作业好坏的最小单位叫作作业要素。

作业要领书明确了作业的步骤，若这些步骤能充分体现作业内容并能判断作业好坏，就可以认为是作业的最小单位，即作业要素。要分解作业步骤，明确分解出作业最小单位（作业要素），从而让作业者可以确定如何作业及判定作业的好坏。

接下来通过实例来说明明确作业要素的方法，如图3-5所示的仪表板检查要领书。

一、图示	二、作业要素		三、要点(安全:　品质: ◇　作业性:　)	四、要点理由
	1	从传送带取下制品放到作业台上(见图1)	◇身体向前倾，双手左右拿起制品两侧	防止变形
	2	按顺序拔掉5个水口，并投入回收箱内(见图2)	◇上/下弯折后，向左/右撕取	避免水口残留
图1			◇按照顺序拔掉水口	防止水口漏拔
	3	对制品表面按顺序进行品质检查确认(见图3)	◇视线按图示顺着产品表面移动	防止制品漏检
			◇确认制品表面是否有异色、气纹、气泡	避免不良流出
	4	翻转制品，使内侧朝上;对制品两侧出风口画圆检查，目视确认孔位打点	◇目视确认出风口没有缺料、毛边等不良	避免制品缺料、毛边
			◇目视确认孔位没有缺料、毛边等不良	避免制品缺料、毛边
图2	5	在制品内侧签名，填写日期	◇A值白色笔，B值蓝色笔	方便辨识
			◇字迹清晰可辨	方便辨识、品质追踪
	6	把看板挂到制品上	◇必须夹在中间位置，一件产品挂上一个看板	方便辨识、品质追踪
			◇看板对照车型	
	7	把制品挂到台车上	◇每个台车放置6件(左3件，右3件)	防止碰伤
图3			◇产品轻拿轻放	避免变形
	8			
	9			
	10			

图3-5　仪表板检查要领书

在这个例子中，对于作业要领书的作业要素，可以直接将其整备至良品条件整备表中。

在这里要特别注意，每一个作业要素都应该实现某个功能或目的，例如，从传送带取下制品放到作业台上，此作业要素要达成的目的是将制品从传送带移动到作业台，至于作业要素的具体操作方法和作业要点（如转身走到传送带前，右手拿取制品上端等）则是制造要件，制造要件在后面章节进行介绍。

3.3.3　品质基准

从作业开始到作业结束的整个流程被分解成一个个作业要素，为了明确地判定各个作业要素的结果好坏，需要明确各个作业要素的品质基准。品质基准是指需要确保的品质特性及规格，是用来判断每个作业结果好坏的指标，品质基准分为作业的品质基准和产品的品质基准。

作业的品质基准：对于不直接影响产品品质的作业要素，为了明确作业要素需要达成的要求而明确的规格。比如“移动牵引车”这个作业要素的品质基准是“牵引车位于 A1 区域内”，再比如“确认指示灯”的品质基准是“指示灯亮起来并显示红灯”。

产品的品质基准：对于直接影响产品品质的作业要素，明确作业完成后需要满足的规格。比如“拧紧螺栓”这个作业要素的品质基准是“螺栓拧紧力矩为 4.5~8.0N · m”，再比如“A 到 B 涂密封胶”的品质基准是“密封胶偏位 <1mm、胶量为 20g±5g”。

在制造部门中所涉及产品的品质基准文件很多。在品质基准文件中，均明确有作业要素需要满足的品质要求。为了在制造过程中确保产品达成品质要求，必须明确制造产品过程中的良品条件并切实遵守。

以车体涂胶工序为例（用于防止漏水），其品质基准即为涂胶的高度、宽度、位置的规格，见表 3-1。

表 3-1　车体涂胶品质基准

涂胶的作用	涂胶高度/mm	涂胶宽度/mm	涂胶位置/mm
防水、无脱落	4±1	3±0.5	12±1（以部件边缘为基准）

3.3.4　良品条件

品质基准是指需要确保的品质特性及规格，是判断每个作业结果好坏的指标。而为了满足品质基准的要求，即为了制造出品质优良的产品，需要在制造过程中满足各类的条件，这些条件叫作良品条件。良品条件是为了满足品质基准而存在的，没有品质基准也就无法正确地识别对应的良品条件，容易导致遗漏。

“产品品质在工序内造就”理念的真正内涵并不仅局限于制造工序内的工作，更包括产品的图样、设备、技能训练，以及人材育成等方方面面的要素。这些要素可以从“人、机、料、法、环”五个方面来进行分类，对这些方面的具体要求就是自工序完结中的良品条件。

良品条件是为了达成品质基准而在制造过程中需要确保的条件，包括设计要件、生技要件和制造要件（统称为三大要件），三大要件对应“人、机、料、法、环”五个方面因素，归类为设计要件（料）、生技要件（机、环）、制造要件（法、人）。

1. 设计要件（料）

设计要件（料）是指为了达成品质基准，在产品的构造、特性等方面的要求。

设计要件包括以下几个方面：

1）明确的品质要求，包括尺寸、形状、公差、材质、表面处理等的具体要求。

2）不容易产生不良的构造，如不容易产生误品、装配错误或装配不到位的构造。

3）使作业者容易作业的构造，作业者可以对作业的结果是否合格轻松判定，而不是依赖人的技能或是经验才能判定。

4）可以降低后工序的管理负荷，如零件数的削减，以及共通化、标准化等。

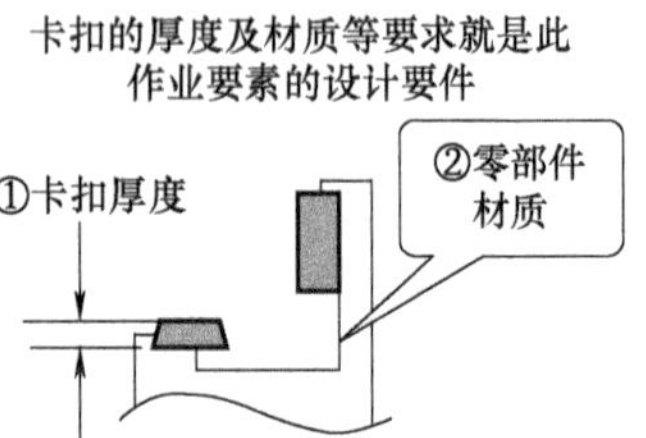

图 3-6　翼子板通风管密封饰盖安装

以翼子板通风管密封饰盖安装（见图 3-6）为例，判定作业好坏的基准是作业者组装作业时

装配到位，这样即可每次都有信心地将成品移交下一道工序。为了确保安装时能装配到位，饰盖卡扣的形状（比如卡扣厚度规格）及材质（比如 PP）起到了至关重要的作用，也就是此作业的设计要件（料）。

要注意易混点，即应了解品质基准与设计要件的区别，特别是在整备良品条件时，容易混淆两者。以 PKB 踏板螺栓拧紧为例，PKB 踏板的平面度到底是品质基准还是设计要件？关于这个问题说明如下：

① 在不同的情况下，平面度既可作为品质基准又可作为设计要件（设计品质要求）。依据工序和作业要素的不同，两者是可以相互转化的。

② 对于踏板拧紧工序来说，品质基准是力矩的要求。为了达到拧紧力矩，要求来料踏板的安装孔周围的平面度≤0.5mm，此时平面度是设计要件，是为了达成品质基准而对来料的要求，见表 3-2。

表 3-2　PKB 踏板拧紧工序

作业要素	品质基准	设计要件	生技要件	制造要件
螺栓拧紧	力矩=34~61N · m	螺栓平面度≤0.5mm 材质：×× 踏板材质：×× 平面度≤0.5mm	气枪批头型号：M8 气枪压力：6±1MPa	右手拿枪，垂直拧紧面拧紧，拧紧顺序

③ 而对于踏板压平工序来说，需要将拧紧面不平的部位压平，此时平面度就是压平这个作业要素的品质基准，是作业的目的，见表 3-3。

表 3-3　PKB 踏板压平工序

作业要素	品质基准	设计要件	生技要件	制造要件
压平	安装孔周围平面度≤0.5mm	踏板材质	上下模配合间隙=(2.0±0.2)mm 模具平面度≤0.1mm 气缸压力：(8±1)MPa 治具精度：××	将 PKB 踏板放入治具中，双手按压设备启动开关

对于品质基础与设计要件的区别和联系有如下结论：

① 品质基准是品质目标达成结果，是作业要素的输出结果，结果指向。

② 设计要件是为了达成品质基准，在设计上需要保证的内容、对来料的输入要求，过程指向。

③ 前工序的品质基准可能成为后工序的设计要件。

那么对于涂胶品质基准而言，设计要件是什么？

根据设计要件概念——为了达成品质基准在构造、特性（比如零部件形状、材质）等方面的要求，可以判断设计要件是钣金上涂胶范围打刻印及胶的种类（材质）。

根据以上定义，按各工艺类型对设计要件举例如下（见表 3-4）。

表 3-4 各工艺类型对设计要件举例

工艺类型	作业要素	品质基准	设计要件
冲压	钣金冲压	无裂痕	R 角，拔模角度
焊接	钣金焊接	焊接强度	板厚，面平面度，焊点间距
涂装	表面喷涂	无颗粒	—
成型	保险杠成型	精度	材质加强筋结构
装配	饰板装配	装配到位	卡扣嵌合结构，卡爪材质

通过表 3-4 中的举例说明可以得出两点：

① 设计要件可以从材质、构造上入手整备。

② 并非所有的作业要素都需要有设计要件。

设计要件需编入图样、技术指示等文件。

2. 生技要件（机、环）

生技要件（机、环）是指为了达成品质基准，在设备、工具、治具、环境等方面的要求。

生技要件主要包括以下几个方面：

1）可以确保过程能力充足的设备和生产条件。

2）可以防止发生误品、漏装及工序遗漏的工序顺序和布局。

3）维持管理的条件（正常的稼动条件、保养条件等）。

4）作业者容易判断合格与否的工具、治具。

5）万一发生不良时，能够自动停止的设备、工序。

具体来说，拧紧气枪气压、型号，焊枪电流参数，夹具状态（松动、精度）

等都是生技要件的范畴。

各工艺类型的生技要件举例见表 3-5。

表 3-5 各工艺类型的生技要件举例

工艺类型	作业要素	品质基准	设计要件	生技要件
冲压	钣金冲压	无裂痕	R 角，拔模角度	模具精度，锁模力等
焊接	钣金焊接	焊接强度	板厚，面平面度，焊点间距	焊接电流、电压，夹具精度、夹紧力等
涂装	表面喷涂	无颗粒	—	喷房温度，环境粉尘量，喷枪洁净度等
成型	保险杠成型	精度	材质加强筋结构	模具精度，成型时间、压力等
装配	饰板装配	装配到位	卡扣嵌合结构，卡爪材质	—

通过表 3-5 中的举例说明可以得出两点：

① 生技要件可以从模具、夹具、治具、环境等方面入手整备。

② 并非所有的作业要素都需要有生技要件。

生技要件需编入模具、夹具等点检表和规格说明书。

3. 制造要件（法、人）

制造要件（法、人）是指为了达成品质基准，在作业方法、人员方面的要求。

制造要件主要包括以下几个方面：

1）对自己的作业及产品的合格与否进行判断的能力。

2）无论是谁来操作、无论怎么重复都合格的作业标准。

3）能够对设备、治具、工具进行正确保养的维护人才及体系。

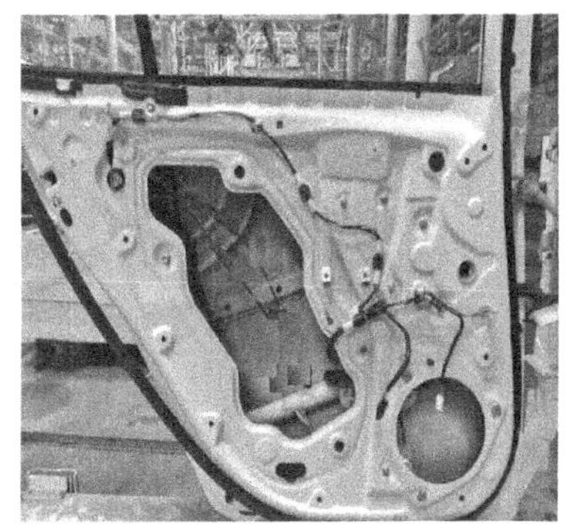

图 3-7 车门的防水胶涂布工序

以车门的防水胶涂布工序（见图 3-7）为例，在作业时，如果涂胶部位处防水膜出现褶皱或是压入不足，会引起密封不良，产生漏水问题。所以在整备制造要件时，需要明确的作业要点是，什么样的按压作业能确保防水膜不出现褶皱，且密封胶与车门之间的间隙为零。

各工艺类型的制造要件举例见表 3-6。

表 3-6 各工艺类型的制造要件举例

工艺类型	作业要素	品质基准	设计要件	生技要件	制造要件
冲压	钣金冲压	无裂痕	R 角，拔模角度	模具精度，锁模力等	—
焊接	钣金焊接	焊接强度	板厚，面平面度，焊点间距	焊接电流、电压，夹具精度、夹紧力等	按照打点工序 1、2、…打点 双手握焊枪与钣金垂直打点等
涂装	表面喷涂	无颗粒	—	喷房温度，环境粉尘量，喷枪洁净度等	单手握喷枪从左至右喷涂 喷涂速度为 0.5m/s
成型	保险杠成型	精度	材质加强筋结构	模具精度，成型时间、压力等	—
装配	饰板装配	装配到位	卡扣嵌合结构，卡爪材质	—	按照饰板安装基准 1、2、…装配 单手垂直按压基准部位直至听见“咔咔”声

通过表 3-6 中的例子可以得出以下两点：

① 制造要件可以从作业方法、要点等方面入手整备。

② 人的作业一般都有制造要件。

制造要件需编入作业要领书进行管理。

明确出整备良品条件（设计、生技、制造要件），是为了最终达成作业的品质基准。

3.3.5 良品条件整备步骤

在明确了什么是良品条件之后，下一步是对良品条件进行整备，良品条件整备流程如图 3-8 所示。从事任何工作都要有一个整体感，必须知道自己作业的工序处于整个生产工序中的什么位置，以及其与前后工序的对接处于什么位置。在这个基础上再去谈本工序的作业，作业者会更加有针对性。千万不要说因为

是自工序完结，就将视线仅仅局限在本工序上，这会导致作业者的工作只见树木而不见森林。

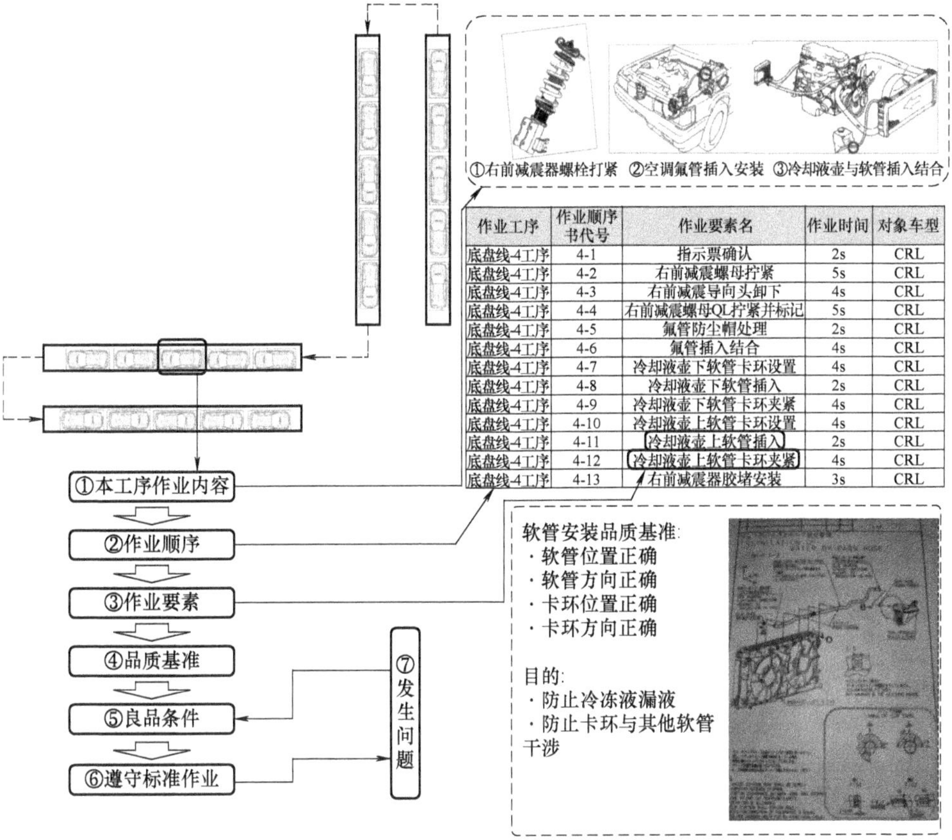

①右前减震器螺栓打紧　②空调氟管插入安装　③冷却液壶与软管插入结合

作业工序	作业顺序书代号	作业要素名	作业时间	对象车型
底盘线-4工序	4-1	指示票确认	2s	CRL
底盘线-4工序	4-2	右前减震螺母拧紧	5s	CRL
底盘线-4工序	4-3	右前减震导向头卸下	4s	CRL
底盘线-4工序	4-4	右前减震螺母QL拧紧并标记	5s	CRL
底盘线-4工序	4-5	氟管防尘帽处理	2s	CRL
底盘线-4工序	4-6	氟管插入结合	4s	CRL
底盘线-4工序	4-7	冷却液壶下软管卡环设置	4s	CRL
底盘线-4工序	4-8	冷却液壶下软管插入	2s	CRL
底盘线-4工序	4-9	冷却液壶下软管卡环夹紧	4s	CRL
底盘线-4工序	4-10	冷却液壶上软管卡环设置	4s	CRL
底盘线-4工序	4-11	冷却液壶上软管插入	2s	CRL
底盘线-4工序	4-12	冷却液壶上软管卡环夹紧	4s	CRL
底盘线-4工序	4-13	右前减震器胶堵安装	3s	CRL

①本工序作业内容
②作业顺序
③作业要素
④品质基准
⑤良品条件
⑥遵守标准作业
⑦发生问题

软管安装品质基准：
· 软管位置正确
· 软管方向正确
· 卡环位置正确
· 卡环方向正确

目的：
· 防止冷冻液漏液
· 防止卡环与其他软管干涉

图 3-8　良品条件整备流程

良品条件整备见表 3-7。

在明确了本工序在整个生产工序中的定位之后，就可以进行具体的自工序完结良品条件的整备工作了。图 3-8 是良品条件整备流程图，结合了总装车间一个发动室内作业工序的例子来说明。图中左侧上部是生产线的整体布局图以及本工序所处的位置，左下角是自工序完结良品条件整备的 7 个步骤，右侧是发动机舱内安装作业工序的一些事例，下面详细地加以说明。

表 3-7 良品条件整备

序号	作业要素	品质基准	设计要件		生技要件			制造要件	表单	责任人
			料	判定	设备、环境	记录表	判定	人、法		
1	冷却液壶上软管插入	装配到位 ● 软管插入到底 ● 软管不能扭曲	壶上硬管端有顶筋，辅助定位	○	—	—	○	将 LLC 液壶下软管插入 LLC 液壶硬管良品条件： ● 软管要插入以硬管底部 ● 软管黄色标识向上	作业要领书《软管插入 LLC 液壶》	TM
			软管上有颜色标识，防止软管扭曲		—	—				
			图样上具体明确要求软管位置、方向		—	—				
2	冷却液壶上软管卡环夹紧	装配到位 ● 软管卡环位置正确（距离软管端末 2~6mm） ● 卡环角度正确（开口向上，角度符合图样要求）	图样上具体明确要求卡环位置、方向 UPR RH 2~6mm	○	鲤鱼钳	—	○	将卡环放置到正确位上后，用鱼嘴夹将其卡夹紧在软管上 ● 软管卡环对齐软管端面2~6mm ● 卡环开口向上，角度符合图样要求	作业要领书《LLC 液壶下软管卡环夹紧》	TM
						—				

1. 第 1 步：本工序作业内容

上文在介绍工序的概念的时候，已经指出工序是指以人为中心来划分的作业单位，不管是人的作业也好，或者是人与设备配合的作业也好，只要是一个人就是一道工序。那么作业者必须要清楚，一个人的作业内容会因为装配零件的复杂程度而不同，但是毫无疑问，一个工序不等于一个零件的作业。所以品质基准和良品条件不可能仅仅针对一道工序来设定。比如在表 3-7 的案例中该工序的作业内容包括三个零件的安装，分别是右前减振器螺栓拧紧、空调氟管插入安装、冷却液壶与软管插入结合。

2. 第 2 步：作业顺序

所谓作业顺序指的是在一个工序内作业者作业的顺序。如图 3-8 中右侧中间部分所示，在一份作业顺序中包括作业工序名、作业顺序书代号、作业要素名、每一个作业要素所需要的作业时间，以及其他补充信息。作业顺序的作用主要是两个：首先将作业的内容分解成作业要素，其次是确认作业者的作业组合是否能在规定的节拍时间内完成。

图 3-8 中工序的案例中，可以看到这道工序内三个零件的安装作业被分解成了 13 个步骤的作业要素。

3. 第 3 步：作业要素

作业要素是在生产线上作业可以分解的最小单位，例如图 3-8 中的作业要素 4-11 冷却液壶上软管插入和作业要素 4-12 冷却液壶上软管卡环夹紧。这两项作业要素属于连续作业，可以放在一起进行分析，可比较清晰地了解情况。

4. 第 4 步：品质基准

本步骤中要做的工作是针对具体的作业要素来梳理其品质基准。品质基准来源于上位的品质标准文件，如图样、丰田标准（TS）、丰田作业标准（TIS）、车辆检查法，以及针对供应商的零件检查法等。

针对案例图 3-8 中的 4-11、4-12 关于冷却液壶上软管安装的两项作业要素进行分析。根据图样的要求，这两项作业要素的品质基准，分别是软管的位置正确，软管的方向正确，卡环的位置和方向也都正确。具体的数据指示在图 3-8 中有标示。设定这些品质基准的目的有两个，分别是防止冷却液壶的软管装配不到位造成的漏液和防止卡环方向或位置不正确造成与其他软管的干涉，最终可能会导致漏液问题，而产生发动机过热而爆缸的风险。

5. 第 5 步：良品条件

在完成品质基准的梳理之后，下一步是着手进行良品条件的整备。如上文介绍过的，良品条件包括三大要件：设计要件、生技要件、制造要件。

下面继续结合冷却液壶软管插入和卡环夹紧两项作业要素的品质基准进行具体的良品条件的说明。

首先针对软管插入到底的这个品质基准，从设计要件的角度来说，在冷却液壶的硬管构造上有一圈顶筋，来保证一直将软管向硬管内插入至不能动为止，从构造上来说，作业条件很容易识别。而从制造要件的角度来说，在作业要领书中明确地规定，将软管一直插入到硬管的底部至不能动为止。这样，两个要件就形成了互通的关系，使作业者很容易判断自己的作业结果是否合格。

其次，软管不能扭曲的品质基准也是相同的道理，从设计要件的角度来说，在软管的表面加一道黄色的显眼标识，并且明确要求黄色标识朝上。再从制造要件中通过作业要领书中明示黄色标识向上，作业者就可以很清晰地知道自己作业的良品条件，并且可以很自信地判断自己的作业是否合格。

再举卡环装配的例子来说，同上面一样，从设计要件的角度明确了让作业者容易执行的良品条件。再从生技要件的角度，考虑到卡环的反弹力强度，设定了鲤鱼钳这种辅助工具。最终从制造要件中明确作业条件，作业者也可以很轻松地对自己的作业是否合格进行判断。

需要强调的是，良品条件整备表是教育、检证、传承用的文件，而并非执行文件，所以不应直接用于点检。良品条件的点检可通过现有的点检表（如设备点检表、标准作业观察表等）实施。因为良品条件整备表不是执行文件，所以发生不良后，为了再发防止并横向展开，首先需要把对策落实到五大基本文件（图样、检查法、QC 工序表、作业要领书、点检表）中，然后再基于五大基本文件的变更，对良品条件整备表进行相应更新。

良品条件整备状况的评价体系：在良品条件的整备过程中，除了关心每一个作业要素的良品条件是否正确，还希望从整体上来把握每一个作业要素、每一道工序、每一条生产线，其良品条件整备的进度如何。在这里用良品条件整备率来评价，其公式如下

$$\text{良品条件整备率}=\frac{\text{已整备出的良品条件个数}}{\text{全部良品条件个数}}\times 100$$

如前文所述，并非所有的作业都有设计要件和生技要件，但是所有的作业都有制造要件，所以在评价良品条件整备率时，首先要明确这一项作业要素共涉及几项良品条件，然后再确认涉及的良品条件整备完成的数量。

但是良品条件并不是只要花上时间和精力就可以一蹴而就、整备成功的，也可能会由于以下情况，导致一时无法整备完成。

① 良品条件项目明确但规格要求不明确。

② 良品条件项目及规格要求都不明确。

③ 良品条件项目及规格要求均明确但并不恰当。

在这种情况下，最重要的是将未整备完成的良品条件进行可视化，当作课题进行持续的改善，改善方法后文将会详细说明。

6. 第 6 步：遵守标准作业

必须要明确一点，良品条件≠良品。良品条件只是软基础，是否能持续稳定地制造出良品，要看作业者遵守标准作业与否，这是另外一个关键因素（见图 3-9）。

所谓遵守标准作业，是指作业者始终要正确执行各类标准账票内容、要求，即按标准的作业方法、设定好的作业条件去完成工序内的每一项工作内容。

对于作业是否遵守作业的评价，可以结合表 3-8 来实施。

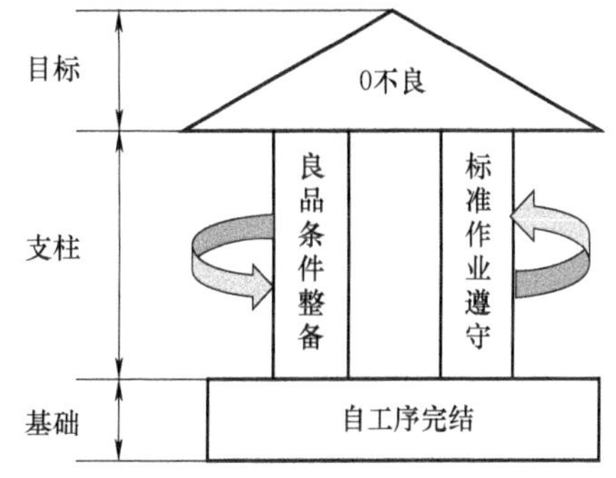

图 3-9　自工序完结的两大支柱

表 3-8　遵守作业的评价

工序	标准作业遵守	遵守状况点检账票
人员作业	遵守作业要领书每个作业要素的作业要点	作业观察表
纯设备作业	遵守设备等良品条件内容	设备、工具点检表等
人+设备作业	遵守作业要领书及设备等良品条件的内容	作业设备观察表，工具点检表

可以看出，对于人员作业和设备作业的标准作业评价方式是不一样的，简单来说评价方法如下：

① 人员作业遵守状况的评价方法针对要素作业的遵守程度。

② 设备相关作业遵守状况的评价方法针对其良品条件的点检结果。

标准作业遵守状况的评价体系公式如下：

$$标准作业遵守率=\frac{已遵守的（作业要素个数+良品条件个数）}{全部（作业要素个数+良品条件个数）}\times 100\%$$

7. 第 7 步：发生问题，自工序完结度与前工序不良的关系

本步骤进一步引入自工序完结度的概念来进一步推进整备。

自工序完结度=良品条件整备率×标准作业遵守率

自工序完结的程度与良品条件整备状况和标准作业遵守状况都是正相关的线性关系。自工序完结度的意义在哪里呢？在生产过程和品质保证中起到什么作用呢？

导入自工序完结活动的根本目的是提高质量的保证程度，降低对检查的依赖程度，并最终降低后工序的不良率，所以引入自工序完结度这一评价指标能够及时了解自工序完结活动的情况，及时进行调整，最终实现这些根本目的。图 3-10 所示是理想状态下的自工序完结度与后工序不良之间的关系，自工序完结度是一种过程指标，而后工序不良率是结果指标，这在推进过程中是可以互相验证、互相确认的。

当发生后工序不良的时候，要先确认发生不良的原因是没有遵守标准作业，还是良品条件整备的不充分。应以自工序完结推进的基本方法来解析真因，并最终反馈到标准作业遵守或者是良品条件整备中来，进一步提高自工序完结度。如此反复循环，互相验证，最终达到推行自工序完结追求的理想状态——自工

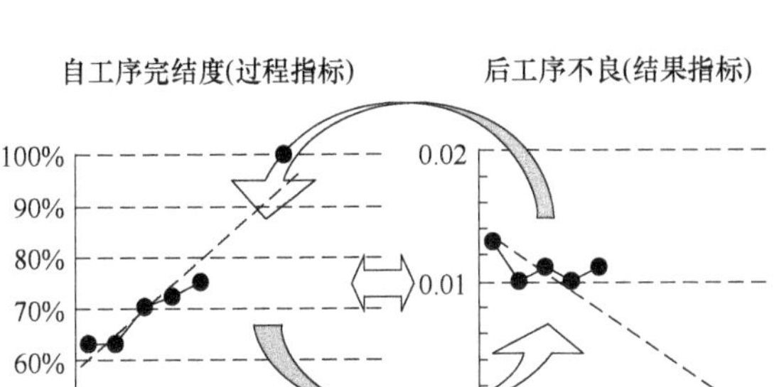

图 3-10　理想状态下的自工序完结度与后工序不良之间的关系

序完结度百分之百，后工序不良率为零。

当然也不排除还存在另外一种可能，自工序完结度达到了百分之百，但是后工序不良率却仍然居高不下。这时就需要重新审视一下自工序完结推进方法的正确性，比如说良品条件不充足，或标准作业不容易遵守，或勉强作业的情况。这可能是由于对良品条件的认知不充分造成的，需要与设计、生技等相关部门一起进行深入的研究。

为了使自工序完结三要件顺利推进和实施，丰田在组织体系上采取了重大变革。因为好的理念的实施要靠强大的组织体系保证，规模型制造公司都会形成一个强大的官僚管理体系，很多管理理念非常排斥这种体系，从而采取了非常扁平化的组织体系，扁平化体系有其优势——效率快，但是不利于大规模的部门合作，而好的官僚管理体系能集合集体智慧形成多方利益最大化，并且大大减少出错误的概率。丰田巧妙地利用了官僚管理系统，在推动业务变革上形成了自己独特的管理组织体系。在自工序完结的三要件中，组织体系尤为重要，因为官僚管理体系产生于行政模式，而实施三要件的人员大部分是技术和管理人员，所以推进自工序完结的重点之一是合适的组织和流程。第 4 章着重阐述推进三要件的组织架构、新车开发流程和详细具体的协同推进方法。

第4章 整车制造的全流程自工序完结

4.1 传统体系下丰田新车开发的组织架构

随着丰田生产方式的成功，从汽车产业到整个制造业，甚至服务业也开始学习丰田生产方式，导入丰田的JIT物流管理方式。学习丰田生产方式的企业如过江之鲫，数不胜数，但是真正能够成功的企业却是寥若晨星，能够完全将丰田生产方式与本企业完全融合的案例更是凤毛麟角。之所以会出现这种情况，是因为不管是看板还是安灯，都只是一种工具，想让工具完全发挥其作用，则必须依靠组织及贯穿于组织之中的企业文化、理念。

自工序完结作为实现丰田自働化理念的具象化工具，也与其他管理体系、质量活动一样有赖以生存、发展的土壤。

本章着重介绍在新车开发设计阶段导入自工序完结和丰田新车研发组织架构，建立组织架构的管理理念以及新车开发的主要流程，帮助读者清晰地了解自工序完结的思维方式及活动方法。

4.1.1 CE体系

丰田的新车开发采用的是首席工程师（Chief Engineer，CE）体系。关于CE一词的翻译方法，在我国汽车行业有着不同的意见。

1996年，丰田在“当代国际汽车新产品、开发技术与中国汽车工业技术交流研讨展示会”（Auto Tech PSE'96）上，介绍了他们的CE体系。当时丰田官方

将 Chief Engineer System 翻译为总工程师体系。但“总工程师”是我国企业中主管技术口的最高行政职位，其职能与丰田的 Chief Engineer 并不一致。丰田这一翻译可能还是因为译者对我国企业的行政体系了解不足导致的。

一汽集团后来也采用了类似日本丰田 CE 的体系，其职能及组织架构与丰田 CE 类似。为了避免歧义，当时直接借用了日语中“主查”的汉字。

长安汽车在引进这个体系时，将 CE 翻译为首席工程师，表明他对一项业务负有首要责任，又说明他是一个技术职务，而非行政职位。

笔者比较倾向于首席工程师的译法，它更加贴合原意。下面详细介绍丰田的 CE 体系。

CE 体系最早来源于日本的军事工业，丰田对其进行了采纳和改造。在 1955 年第一代皇冠车的开发中，丰田就采用了 CE 体系，从此成为公司制度并延续了下来。世易时移，尽管 CE 体系不断随着环境的变化而改良，但是 CE 的责任和特质却没有变化。

丰田开始把 CE 体系融入自己的组织架构中，每一个产品项目（从开发到上市之后的改进）由产品的 CE 全面负责，参与开发团队的人员则由各个职能部门选派。各专业职能部门长负责专业领域的技术统筹和协调，例如保持本专业的技术水准，维持不同车型之间的部件通用性等。丰田的产品开发团队矩阵组织见表 4-1。在这个矩阵中，处于每列之首的专业职能部门长拥有行政职权，处于每列之首的 CE 没有正式的行政权力，然而却承担了对新车型的设计、开发和销售的最终责任。

表 4-1　丰田的产品开发团队矩阵组织

产品项目	专业职能部门				
	◆造型设计	◆车身	◆底盘	◆发动机	◆试验
●凯美瑞（Camry）	▲▲▲▲	▲▲▲▲	▲▲▲▲	▲▲▲▲	▲▲▲▲
●科罗拉（Corolla）	▲▲▲▲	▲▲▲▲	▲▲▲▲	▲▲▲▲	▲▲▲▲
●赛利卡（Celica）	▲▲▲▲	▲▲▲▲	▲▲▲▲	▲▲▲▲	▲▲▲▲
●其他	▲▲▲▲	▲▲▲▲	▲▲▲▲	▲▲▲▲	▲▲▲▲

注：● CE 负责；◆ 专业职能部门长负责；▲ 产品开发工程师。

这样就既保证了每个专业模块不断地研发新技术和创新，又通过 CE 串联起各个专业模块，通过组织的约束性保证了每个模块输出的完整性和适用性，从而实现了开发设计阶段的自工序完结。

在策划阶段的初期，丰田的决策层仅提出产品的市场愿景，由CE负责根据愿景推导出确切的车型概念，他来统括销售部门的市场调研，建立设计原则，然后交给设计团队来具体实现其意图。这个团队在CE的领导下孕育、孵化产品并照顾产品在生命周期中的每个过程。

但是，在这个组织架构中有一个非常明显的弊端，这种矩阵式的组织违反了人事管理中的一条基本原则——每个人只能有一个上司。一项工作向两个上司报告，最终听谁的指示？出于人趋利避害的本性，团队成员会优先听取能够决定自己评价、晋升的行政长官的命令，但是他又可能偏向于向更容易同意其请求或需求的上司来寻求批准，这样就可能导致CE和专业职能部门长的斗争。为了解决这个问题，丰田明确了部门长和CE之间的责权。部门长具备该专业领域的技术专长，从事行政管理和专业的技术指导，但不用对整车开发负责；CE则专注于市场和产品。也就是说，CE要明确良品条件、部门间的判断基准和接受基准，而专业部门长要做的是根据良品条件、判断基准、接受基准明确要素作业，这样就理清了设计人员什么问题向谁汇报的问题，也把自工序完结要做的4件事情（良品条件，判断基准，接受基准，要素作业）通过组织行为明确化了。

重要的是，丰田授予了CE两项重要的权力，第一项权力是直接向社长汇报，有如“尚方宝剑”，各级部门长不能不认真考虑CE的意见；第二项权力是审批将要投产的图样，保证了CE的意见在设计中得以落实。

同时，这种体系又可以避免外行管理内行，导致行政权力凌驾客观技术之上，由于权力介入而产生不合理的隐患。由于CE没有行政权力，他要说服专业人员来实现自己的意志，必须从产品、市场本身出发，形成逻辑上的闭环，保证其意图和实现手段之间的合理性。

4.1.2 丰田新车开发的相关部门

从CE提出新车的基本概念，到最终量产投放到市场上，涉及多个部门，这些部门既要独立地完成自己的任务职责，又要进行横向的配合与纵向的衔接。

这些部门从大的方面来说，可以分为以下六大部门：

1）设计企划部门：根据车型定位与竞品状况，企划并进行产品和整车的设计。

2）新车推进部门：大日程管理，量产前的里程碑管理及向各部门进行提示；进度管理，对设计出图状况，内外制产品工序整备状况的把握及跟进。

3）生产技术：按照图样的要求，进行工序的计划、设备的计划及工序的整备。

4）采购：外购零件的采购计划，与设计部门商定供应商并提供数据，供应商生技准备状况把握。

5）品质管理：外购零件的质量打造，整车检查标准的制定，初期质量管理计划。

6）制造：为了生产品质优良的汽车，按照生技部门准备的工序、设备制作标准类文件进行作业训练。

从自工序完结的角度，本书着重介绍设计、生技、制造（含品质管理）三大部门的业务，如图 4-1 所示。

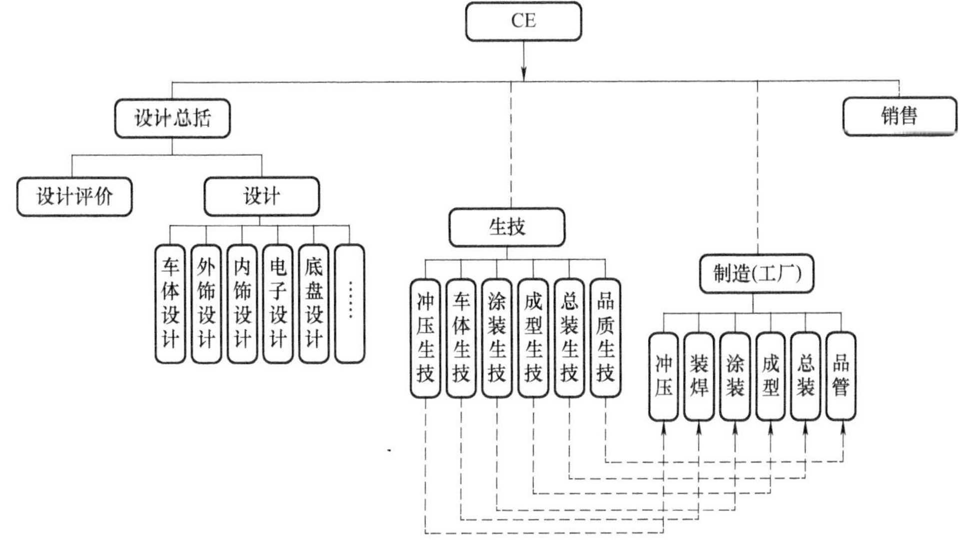

图 4-1　三大部门的业务

4.2 丰田的新车开发流程

丰田的新车开发流程从大的方面来说可分为三大阶段，分别是①企划设计阶段，进行车型的整体企划以及产品的具体设计；②生技准备阶段，根据设计图样转化为能够生产零件和整车的模具、设备、工具等；③制造准备阶段，将人与设备联系在一起的整备过程。

4.2.1 企划设计阶段

一辆新车的诞生，源于一个设想。这个设想要向企业的管理层及相关部门的业务层说明白这辆车的市场定位是什么，要实现的产品功能是什么，以及如何实现。这个从设想到说明白如何从技术上实现的过程，就是企划设计阶段。

1. CE 构想

丰田传统的车型开发采用的 CE 体系。CE 作为车型的发起者和最终责任者，他需要给要实现车型构建一个蓝图的设想，这个设想的蓝图叫作 CE 构想。

CE 构想并不是 CE 凭空进行想象，也不是他凭借自己的知识和经验闭门造车，而是他根据产品企划部提供的信息及提案，进行“商品定位”和明确“商品概念”。

产品企划部提供的信息包括量产车型的销售状况，成本、利润状况，品质状况［新车质量研究报告（IQS）、市场反馈、生产不良］等。信息来源由于新车型的性质会有所不同，在改款车型时，主要收集现款车的信息；如果是新款车型的话，则要分析收集近似产品及竞品的市场评价信息。

所谓“商品定位”是要明确该款车型主要面向的销售区域、市场群体、价格区间及车型所要具备的特性。

“商品概念”则是指从商品定位明确出目标顾客的生活形态、价值观、兴趣、家庭成员构成、收入、用车目的，以及由此消费者要求车辆必须具有的特性。

在“商品定位”和“商品概念”的基础上，CE 还要带领他的团队将感性的概念转化为具体的技术性要件，这个过程叫作绘制“产品计划图”（见图 4-2）。

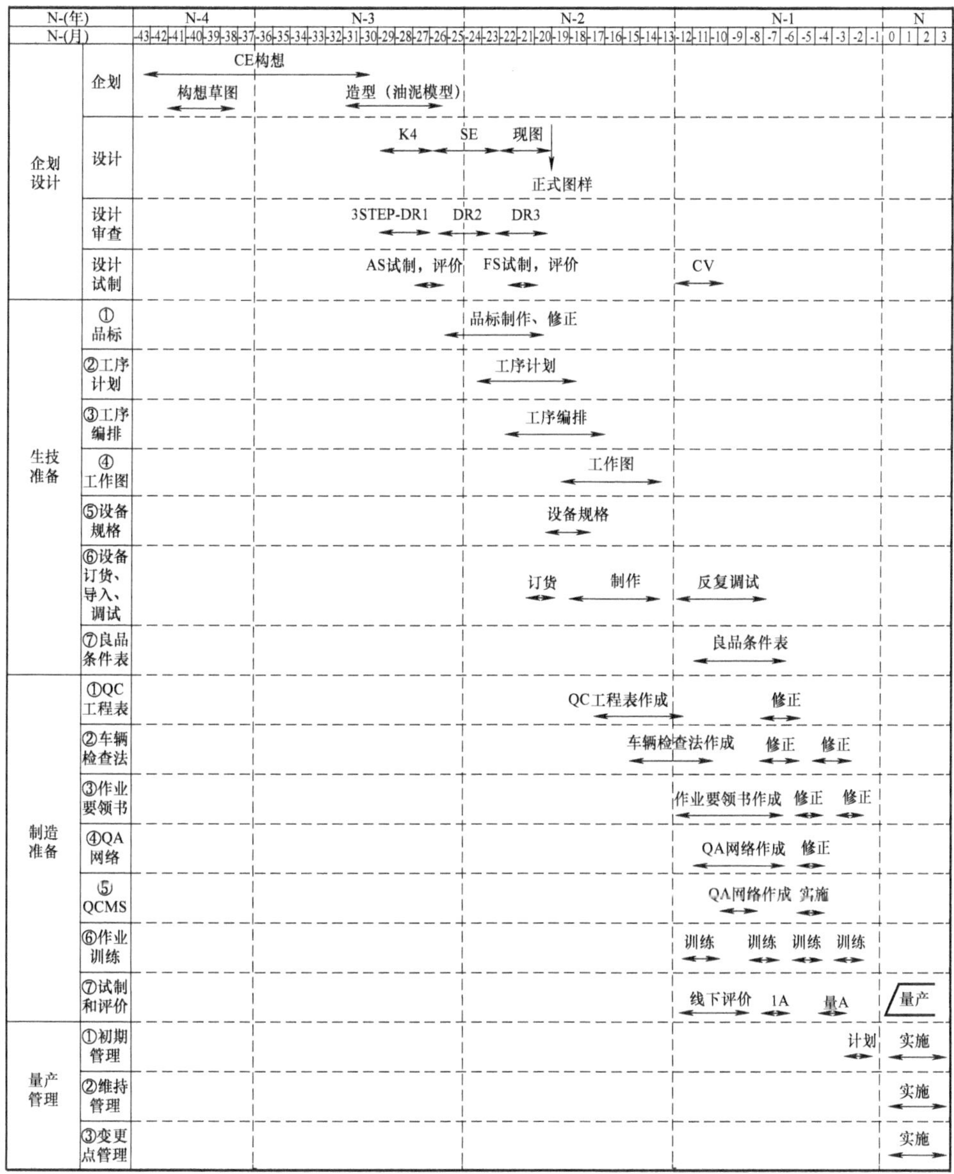

图 4-2　产品计划图

产品计划图所要实现的内容包括：

① 车型规模、生产场所、销售区域。

② 车辆基本信息（长、宽、高、轴距、乘坐空间等）。

③ 采用的动力单元、底盘构造等。

④ 车辆造型（3D 模型、油泥模型等形式展现）。

⑤ 采用的新型高端技术。

⑥ 量产不良及新车型中的改善方案。

⑦ 上市目标值（如动力性能、排气标准、油耗、静音性目标等）。

综上所述，CE 构想将 CE 对于车型的定位转化为商品概念和技术实现过程。

对一种全新改型的车型来说，从开始企划到最终量产大约需要 48 个月的时间，其中 CE 构想需要大约 12 个月的时间。当 CE 构想通过了公司经营层、业务层的认可之后，就进入产品的设计开发阶段。

2. 产品设计开发

CE 构想规划了关于新车型的外观、尺寸、性能目标、成本目标及要使用的高端技术等框架性的基本信息，但是离生产一辆真正的车还有很远的距离。下一步就是产品设计开发。

设计开发是指设计人员将 CE 构想形成的企划内容进行具体的设计，最终形成可以用于生产的模具、设备、产品的图样及相关技术标准的过程。

下面从设计开发流程和设计审查方法两个方面来介绍。

（1）设计开发流程

设计开发流程一般分为构造企划（K4）、同步开发（Simultaneous Engineering，SE）、最终图样（现图）三个阶段。

第一阶段称为 K4，这是一个从日语发音的罗马字母缩写而来的丰田专用词，意思是构造企划。CE 构想阶段基本上确定了造型和配置、特殊材质、新技术要求及大致的零件个数等，这个时候的车有了“皮肤”，也有了大的框架，但是零件之间缺少连接。在 K4 阶段设计的工作是对每个零件的骨架及必要的其他连接位置进行设计。所以设计出的图样形式也非常简单，2D 图样一般只包括最基本的三视图和仅仅限于关键部位的断面构造图，3D 图也是一个非常粗糙的概要图。

在 K4 阶段的主要着眼点是零件的基准个数、分布、位置、构造等主要骨架是否能够为零件的匹配提供支撑。图样的完成度大约为 50%，这个阶段的好处是可以专心于主要零件的主要结构的研讨，避免在细节上纠缠而造成大的方向性错误。

第二阶段称为 SE，在 SE 阶段，各个供应商会参与进来，共同确认产品情况。

SE 阶段是从 K4 到现图的中间过渡阶段，但却是最重要的阶段，在这个时期对最终的产品质量水平有决定性的作用，如图 4-3 所示。在丰田内部甚至简单地将图样确认统称为 SE 检讨。SE 阶段图样的最终精度应完成 90%。基于 K4 阶段确定下来的框架，开始对零件的细节进行设计。在 2D 图样中会呈现必要的三视图、断面、尺寸、公差、材质、表面处理、与配合件的匹配关系，以及该零件的性能需要满足哪些丰田标准等必要的注释都需要设计人员详细记入图样。在 3D 图中也会呈现出最终需要的完整状态。

阶段	K4	SE	现图
图样完成情况	50%	90%	100%
数据水平要求	结构图2D · 关键部位截面图 · 普通部位3D图	比K4水平提高的阶段 · 截面图3D数据	· 指导制造工装治具的最终数据

图 4-3 SE 阶段

第二阶段称为现图，现图阶段是针对 SE 阶段的遗留课题及试制、评价结果进行确认和修正的过程。在现图的问题都修正改善完成之后，用于开模具的正式图样就诞生了。为了确保在正式出图时所有问题都得到解决，设计人员必须获得相关者的签字承认，这个签字既是认可，也是责任，当参与审查的相关者都签字承认之后，就意味着之后如果发生问题，大家都承担着一份责任。在此阶段明确了部门间的自工序完结的判断基准和接受基准。

从 K4 到模具开始加工，一般需要 14 个月的时间。

（2）设计审查方法

好的设计是“好的品质”与“低廉的成本”两个要素的平衡。仅仅强调品质或者成本对于企业来说都不符合可持续发展的道路。

好的品质包含的内容有很多，比如以下项目：

- 可靠性高：防呆性、精度、强度好，功能多，使用寿命长等。
- 安全性好：碰撞安全、装配安全、防盗性能好，对行人安全等。
- 工业产权完备：取得专利，没有侵权等。
- 操作性好：操作力适当，触感佳，符合人体工程学。
- 售后服务好：保养、维修、调整、更换方便，抽检合格。
- 可制造性好：加工性优，检查容易，装配容易，构造可靠。
- 运输与保存方便：运输保管条件宽，运输效率高。
- 适应市场：适应法规限制，环境危害低，市场保养业务便利等。

低廉的成本包含的内容则有轻量化，油耗低，标准化、通用性强，制造成本、品控成本低等。

如上所述的条件要从两个方面来实现，不能完全依靠个人的经验，更多的是基于设计的审查体系。

在丰田中的设计审查（Design Review，DR）包括两个方面，第一个方面是设计的自查体系；第二个方面是相关部门的他审体系。下面说明一下丰田的做法。

1）设计的自查体系。毫无疑问设计是一个对技术、知识、经验要求很高的岗位，一般从新员工到独当一面，至少需要5~10年的时间。但即使如此，设计人员的个人知识储备也是有限的，而且由于汽车产业的高速发展，设计人员的工作领域可能也随时根据部门或公司的需要进行调配。

在这种背景下，丰田将过往经验和后工序所需条件系统地整理成了基于失效模式分析的图样审查（Design Review Based on Failure Mode，DRBFM）实施要领书，在要领书中对上面所述的品质和成本要求进行了详细的标准化。为了实施方便，在实际操作时还将要领书的内容制作成了要素作业表进行消项确认。

DRBFM是设计主动自查并向相关者问询、商讨的体系。整个活动模式可以总结为三个GD如下：

- Good Design：好的设计。
- Good Discussion：好的讨论。
- Good Design Review：好的设计（图样）审查结果。

DRBFM的基本流程如下：

① 变更点的可视化。

② 明确担心点。

③ 制作担心点清单。

④ 与相关有经验者进行彻底的讨论。

⑤ 讨论结果在设计、评价、制造体系中的反映。

关于DRBFM的具体实施方式，在后面第5章中会详细说明，在此想强调的是流程⑤“讨论结果在设计、评价、制造体系中的反映”，DRBFM识别出来的风险，有的需要在设计（图样）中反映，有的需要在生技（设备）中体现，有的需要在制造（作业、检查要领）中保证。反映过程是品质保证体系中重要的一部分，也是良品条件明确的过程。

2）相关部门的他审体系。除了以设计主导DRBFM自查体系，还有其他相关部门对设计图样的成立性、合理性进行审查的他审体系。设计作为汽车一切实务部门工作的起点，设计人员的工作影响实验部门、生产技术部门、质量部门、制造部门、采购部门、物流部门及供应商等。这些相关部门作为后工序，按照丰田后工序是顾客的思想，要对设计的工作进行确认。

设计审查最早来源于美国的NASA（美国国家航空航天局），因为发射火箭容不得半点差错，不可能每次都通过火箭升空试飞来验证品质风险。丰田为了提高设计的成功率，在20世纪70年代中期开始实施设计审查体系，实施背景如下：

- 伴随市场的快速发展，对短纳期产品开发的要求增加。
- 组织迅速扩大，人员增加与年轻化明显。
- 生产规模的迅速扩大，失败的成本损失大。
- 公司内部已经具备比较完整的系统，信息庞大，但却缺乏有效的信息传递机制。

3）设计审查的实施流程。前文介绍了设计的流程分为K4、SE、现图三个阶段，那么在每个阶段里面，设计自查以及相关部门的设计他审是如何具体实施的呢？一般采用一种叫作3-STEP DR的工作流程。

3STEP-DR，也叫“2周→1周→2天确认法”，即设计在大日程上预定的K4阶段最终图样出图前2周、1周、2天共分三次向相关者展示自己的图样，由相关者进行确认。相关者确认的内容为：第一次，指摘图样中的问题并反馈给设计；第二次，确认第一次指摘问题的修正状况，并再次确认是否有新的问题；第三次，最终确认该图样是否还有问题，并与设计确定好最终方案。设计将方案加入图样中并发布K4阶段最终图样。

K4出图后，生技或设计内部的评价部门会根据需要进行3D打印，或用快速模具等制作出样件来，进行必要的模具成立性、设备成立性的评价。

至于进行DR的对象，一般会对以下几种情况进行重点确认：

- 全新的机构。
- 新材料，新工艺（程）方法。
- 新设计的部分会影响汽车组装的周围部分。
- 在整车上发生过问题或必须要确保的重要功能部位。

3STEP-DR的反馈方式在后面的SE阶段和现图阶段应用时都采用同样的节奏。

4）向设计反馈问题的方式。从上文的设计开发流程可以看出来，在图样设计阶段，时间非常紧凑，设计需要同时对接多个部门的反馈，下面讨论一下如何正确地向设计反馈问题。

反馈内容要求很简单：

- 问题是什么？
- 提问题的根据或证据是什么？
- 解决此问题你的方案是什么？
- 方案有效的证据是什么？

总之，提问题就要有方案，提方案要有证据，这样就可以避免一些凭空想象的发散型问题，干扰设计的视线，从而降低效率。

当然，由于相关者的部门立场不同，经验不同，可能会出现意见相左的情况，这时候就需要问题提出者和设计多方一起讨论折中的方案。

上述设计审查的流程和方法，在设计开发的三个阶段都是一样的，不再赘述。到现图 3STEP-DR 的第三次 DR 之后，理论上所有的问题都已经解决，在获得相关部门的签字之后，就可以提交面向制作模具和采购设备的正式图样了。

经过大约三个阶段九个轮次的深入讨论，不管是设计人员，还是后工序的各相关者，都已经对图样的细节内容了如指掌。之后再出现了什么设计问题，参与图样确认的每个人都有责任。但是，在出现问题之后，设计人员有义务作为主催者主动地去协调大家商讨解决方案。作为后工序的工程师也有义务配合设计的要求，进行方案的效果确认工作。

在这个阶段把要素作业和良品条件规定得很细，所以图样交付的工序完结得很快而且质量高，这里有一个和制造不同的地方——因为是新产品，出现了新工艺，很难规定新的良品条件，所以这里设置了 2 周、1 周、2 天的共识节点，在这个节点交付基准被共识结果替代，由这样的一个组织和流程把图样在此阶段固化。从笔者在丰田的任职期间的经验来看，后期对图样设计变更的次数很少，这就是设计阶段自工序完结的作用。

3. 设计试制、评价阶段

上面进行的设计审查主要面向的还是逻辑上的成立性，实际产品是否真的符合设计预期？零件之间的装配、匹配是否没有问题？这些零件装配成为整车的性能是否达到了企划的目标？这些问题都需要在设计试制、评价阶段来验证。

这个阶段对于自工序完结要求更为苛刻，因为图样在向实物转化的过程涉及的部门比上一阶段多很多，而且制造相关的诸多部门要协调共进，每一个部门都要做到自工序完结，可想而知，对组织和流程的要求非常严格。

准确地说，设计的试制与评价并不能完全与图样的审核阶段分开，但是本书还是单独来进行说明以使其更清晰。

（1）AS（Advanced Stage）试制评价　大约在K4阶段之后，利用试作品对需要实物进行判断或评价的零件或零件组合进行评价。

（2）FS（Final Stage）试制评价　大约在现图阶段，即正式图样出图前后，利用试作品进行残留问题的实物评价和判定。但是在最近几年，伴随着CAE（计算机模拟评价）的精度大幅提高，以及试作费用的削减，本阶段试作规模有缩减的趋势。

（3）CV（Confirmation Vehicle）评价　利用正式图样制作的量产正规模具，进行车辆性能的评价，确认是否达到了企划设计要求的性能。需要强调的是，CV评价的时间节点是在正式图样出图之后6个月左右，从时间节点上来说，与生技部门的生技准备时间有重合的部分，但是由于评价者是设计评价部门，所以也将这个阶段归为设计的试制、评价阶段。

设计评价部门按照“丰田技术标准”和“丰田上市基准”等作为最终的良品条件要求，对设计的成立性、匹配性、零件性能、车辆性能等进行实际的验证。如果发现问题，要在分析真实原因之后，采取有针对性的对策并确认效果，这个过程中，设计和生技部门对要素作业拆分得非常细，因为此阶段是共同推进的一个时期，需要频繁地相互确认，这里的确认不再是以部门为主体进行确认了，而是两个部门间的责任人个体要频繁地相互确认，所以要素作业颗粒度要拆分到人。

4.2.2　生技准备阶段

如上文所述，在设计阶段，从CE到设计人员、试制评价人员对作为一辆车应该具有什么样的外观、性能进行了详细的规划，下面要进行生技准备。

在生技准备阶段，生产技术部门根据图样设计出可以生产产品的设备、模具和生产线、检查线，具体包括以下工作内容。

1. 品质标准（Quality Standard）

品质标准是部门推进和实施自工序完结的统一标准。

在与设计一起确认图样的过程中，生技也并不只是配合设计进行图样的确认，他们同时也在按照设计图样对产品的要求，制定出更加容易执行的文件——品质标准。由于工作性质不同，每个部门品质标准的形式会有所不同。

1）车辆品质生技制定的品质标准有电子保证计划书、四轮定位品质标准等。

2）冲压生技制定的品质标准——冲压品品质标准，主要明确冲压件的精度、外观品质要求。

3）成型生技制定的品质标准——仪表板、保险杠品质标准，主要明确这些零件的精度、外观品质要求。

4）装焊生技制定的品质标准相对比较复杂，包括白车身品质标准、车身与车身零部件匹配品质标准、面间测定的品质标准等。

5）涂装生技和总装生技则与设计共同制定了工作图性质的品质标准。

如果说设计是零件的设计，那么可以说生技是设备的设计，他们负责将图样和品质标准的指示转化成可以生产零件与整车的设备和生产线。

2. 工序计划

在工序计划中指出，为了能够连续生产出品质优良的汽车，需要在什么工位生产什么产品，生产这些产品需要投入哪些设备，这些设备需要实现哪些功能，设备的交货期限是什么时间，需要的资源是什么等。

制定工序计划时的考虑因素如下：

- 是基于旧的生产线改造，还是新建生产线？
- 量产的通用件是什么？变更点是什么？
- 新车的企划数量是多少？目标生产节拍是多少？
- 新车的新功能有哪些？
- 新产品的新构造有哪些？

3. 工序编排

工序编排是具体地将一辆车的加工分成若干工序，并将每个工序编排进具体的工序中的过程。工序编排考虑的着眼点是多方面的，既有品质方面的，又有可制造性方面的，还包括成本因素、安全因素等。工序编排的原则包括：

- 同一个功能零件要安排在同一个工序，以减少因为工作对接带来的品质风险。
- 作业量的平准化，每个工序的作业量是否可以满足生产节拍。
- 工序的柔性，是否具备后期工序重新编排调整的空间。
- 同一个作业者的作业部位分散度要尽量小，以避免由于移动带来的浪费。
- 在同一个工位进行不同作业的作业者分散度要尽量大，以避免相互的作业干扰。

4. 工作图

工作图是基于工序编排对每个工序进行细化的指示文件。工作图的主要内容包括：

- 每个工序具体加工什么零件。
- 此零件的加工顺序。
- 加工所需要的工具、设备。
- 作业时长等。

5. 设备规格

根据上述品质标准、工序计划、工序编排的整体要求，以及工作图的具体要求，设计部门要制定出设备的规格说明书，对设备要满足的性能进行具体要求。

每个车间的设备都不一样，下面简单按照车间来进行举例说明。

- 冲压车间：模具、冲压机、测量检具等。
- 装焊车间：焊接夹具、定置式焊枪、焊接机器人、自动式焊枪、打胶设备、拧紧设备等。
- 涂装车间：车辆挂具、防锈液槽、打胶设备、喷涂设备、烘干设备等。
- 成型车体：成型机、模具、治具、夹具、加工机、挂具、喷涂设备、喷涂治具、烘干设备、仪表板刻线设备、拧紧设备、检具等。
- 总装车间：车辆台车、挂具、拧紧枪、防误设备、注油设备、注液设备、抽真空设备、搭载设备，打刻设备等。

- 检查车间：大灯调光设备、四轮定位设备，系统测试设备、检查移行设备等。

所谓的设备规格以焊接打点设备为例，着眼点在于基准、夹紧位置、精度要求、作业空间、防误等，生技人员需要与制造人员进行实时的商讨，达成一致。

6. 设备订货、导入、调试

按照规格说明书的要求，生技部门（或制造部门）对设备进行采购，采购的流程不属于本书讨论的范围。就和设计工程师需要对产品的设计品质完全负责一样，生技工程师需要对设备完全负责。订货之后，厂家的制造日程、制造中的中期确认、完成后的确认，都由生技工程师组织相关人员共同参与进来。

在厂家制造完成之后，设备初期会在厂家放置一段时间进行评价，前几次的产品试制品要经过单品评价、匹配评价、性能评价等。

评价时需要明确以下三点：

- 前期设备评价时的着眼点是设备与规格说明书要求的一致性。
- 后期产品评价时则着眼于产品的问题是否由设备所致。
- 在设备修正合格之后才会导入正规的生产线，进行下一步的调试。

7. 良品条件表

在生产线上进行产品试制和评价，对产品的单品或整车评价结果进行改善。在所有的问题都关闭之后，并不意味着生技人员工作的结束，他们还有一项重要的工作——制作整备设备的良品条件表。

良品条件在丰田的自工序完结体系里面是一个非常重要的概念，可以理解为生产良品要具备的充分必要条件。即要生产良品必须要满足这些生产条件，并且只要满足这些生产条件就可以制造出需要的良品。

每个设备的良品条件表都不一样，下面列举一下几种比较典型的设备的良品条件：

- 焊装车间焊枪：焊接通电时间、压力、电流强度的范围。
- 成型车间成型机：注塑成形时设备的温度、射出速度、射出压力、保压时间、锁模力。
- 总装车间拧紧设备：力矩的设定值、中央值、上下限，与防误设备的联动等。

8. 讨论

如同在设计阶段讨论过的，如果最终正式发布的图样有问题，完全是设计的问题吗？在这里要提出相同的问题，如果设备有问题，完全是生技部门的问题吗？答案无疑是否定的，在生技准备阶段，虽然是生技为主导在推进，但是制造部门作为最终的使用者，他们也需要对工序布局、设备规格及良品条件等进行确认和承认。如果不能获得制造部门的接受，生技的工作是不能移交的。

4.2.3 制造准备阶段

如果说企划设计阶段是面向产品构造的准备，生技准备阶段是面向设备的准备的话，那么制造准备阶段是面向人的准备，是将人与设备联系在一起的整备过程，此阶段的自工序完结是指以人为中心的要素作业保证。

1. QC 工序表

QC 工序表是制造满足客户需求产品的一种辅助工具，它之所以能够达成这个目的，是因为它提供了一套结构性的方法。目前质量管理方面的潮流趋势是尽量减少制造流程与产品变异的挑战，而 QC 工序表正是一份叙述如何管理各种零件与制造流程的系统的书面说明。

QC 工序表将整个制作流程，包括进料、制程、出货及定期检验等各个阶段所需采取的措施加以详细说明，以确保制造流程所有阶段的产出均在控制之中。

QC 工序表（见表 4-2）的信息及数据来源包括设计审查中的 DRBFM 中需要向制造展开的事项，生技准备阶段生技制作的工作图、品质标准、良品条件表

等信息，以及制造部门对过往车型发生过的不良的思考等。

表 4-2　QC 工序表

要素	表示规则
工序	1. 工序号：明确与零部件特性有影响的各个工序 2. 工序名：概括工序作业内容 3. 设备、机械名：记录被使用的设备、机械的符号（没有时，记录设备、机械名）
管理项目规格	1. 管理项目：记载各个作业要素的工序管理条件、检查项目 2. 等级/重要度的记号：表示重要度的 ∇S、∇R、∇E 等记号 3. 工序管理、产品管理 有关工序管理的规格，要规定温度、速度、时间等的条件范围 作为条件设定依据的数据由供应商保管 对于产品管理的规格，要满足原始图样和检查方法的规格要求
实施要领	1. 管理要领（初期管理和日常管理） 检查频度：检查频度（开始、中间、结束，或每两小时等） 检查范围：试料数（每种颜色、左右件、每个模具等根据零部件种类进行检查） 作业者：实行检查的作业者和管理者 检查方法：方法及装置类型 2. 记录 管理方法（检查表序号、管理图序号等） 作业要领书序号 异常处置规定序号

2. 车辆检查法

车辆检查法（见表 4-3）是指对生产车辆进行检查时规定的检查项目、检查标准、检查方法、抽样方式等内容。

表 4-3　车辆检查法

分类	资料名	相关车辆
法规	各国法规	所有车辆
公司内部规程	品质保证规则 丰田汽车标准 品质管理规定（QR） 品质管理规格（QS）	所有车辆
设计指示	设计图样（包括设计变更与特设指示书） 技术指示书	所有车辆
技术要求指示	生产安排书	所有车辆
其他	原型车的检查法	原型车辆

（1）检查项目　原则上全车辆的检查项目做如下分类：

- 技术参数、技术要求。
- 刻印。
- 车辆性能。
- 功能（发动机、底盘与驱动、车身功能、内外饰、辅机与内饰等）。
- 配线与配管。
- 紧固。
- 外观、搭接、面。
- 其他。

注：上述检查项目中的法规指定项目必须注明法规标记（注明位置在检查项目前）。

（2）检查标准　用以判定车辆良否的检查标准，在考虑如下事项的基础上进行设定：

- 图样及技术指示书所指示的设计标准。
- 除图样及技术指示书以外文件所指示的标准。

应在备注栏里填写指示方式的名称及管理编号。

（3）检查方法　记入检查工具等检查的实施方法。

（4）抽样方式　抽样方式结合“抽样方式分类标准”，填写如下内容：

- 对全数检查项目，在抽样方式栏里填写“全”。
- 对抽样检查项目，在抽样方式栏里填写“抽”。
- 根据品质情况实施或省略的项目。

通过示例，可使得实施或省略的项目清楚易懂。

这样就为所有工序都规定了自工序完结的良品条件。

3. 作业要领书

（1）作业要领书的定义　为了高效地制造出符合要求的良品而制定的写有作业顺序、作业方法、作业条件的文件，是自工序完结最重要的保证方法，良品条件、要素作业要全部在作业要领书中体现。

（2）制定作业要领书时的注意事项

1）作为判明作业结果良否的基准，要明确地用具体数值来标明。

2）管理项目、管理方法、品质特性及检查方法要明确。

3）在制定阶段，实际作业者要参与策划，来验证所制定的要领是不是“能够遵守的标准”。

4）要站在作业者的角度，用图、照片等具体方式客观地对文件内容进行描述，让作业者容易看懂。

5）也要用外语表述，让外国作业者也更容易看懂。

6）如认为不能遵守时，要让作业者明确地说出怎样才能遵守。

（3）制定和培训

1）在试生产开始之前，按上述要点制定，并运用于对作业者的培训。

2）通过试生产，修正不方便的作业和难懂的文字表述。

3）作业监督者确认作业者的作业熟练程度。

4. QCMS

（1）质量链管理体系（Quality Chain Management System，QCMS） QCMS是以车辆性能为着眼点，对影响车辆功能的制造工序（从1级供应商到2级、3级供应商）的保证度进行一系列的验证，在供应链中切实设立阻止不良的关口，从整体上对所重视的功能保证项目进行验证、改善的活动。

（2）推进方法 制作系统图用QA检查表对每个工序及供应商工序保证度进行评价。

1）制作系统图及关口。以PS泵漏油系统图为例，如图4-4所示。系统图是系统地展示与重要特性相关的工序、零部件流程、保证度评价及关口的图。关口是指在供应商内确立保证度，在此工序之后的其他工序不能再检出不良的最终保证工序，用★标明。

2）制作QA检查表。QA检查表以品质确认标准、QC工序表、QA网络等为基础，是记载每个与重要特性相关的工序的管理方法，倾向管理、条件管理记录，以及保证度评价的记录表（见图4-5）。

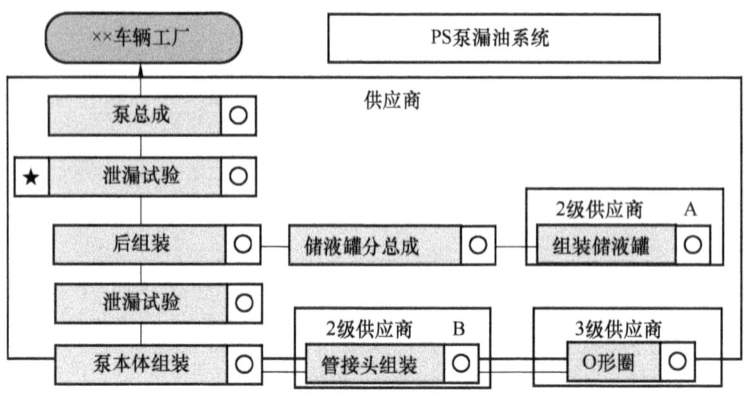

图 4-4　PS 泵漏油系统图

工序	机器设备	品质特性	重要度	管理方法					倾向管理	条件管理	保证度评价
				项目	规格	频度	测定工具	部门			
									○	○	◎
				QC工序表等的管理状况							

保证度评价等级		
◎	通过产品可以充分保证	实施倾向管理、条件管理
○	通过条件管理等间接手段保证	如果留有记录填入○
△	存在保证手段不稳定因素	保证度评价
×	保证不充分	按照左边的判定基准对各工序进行评价，评价出其工序、供应商的最差水平

图 4-5　QA 检查表

5. 作业训练

最终车辆的生产和检查都是通过人来实现的，不管实际的作业是由人来完成还是通过设备来完成，制造现场的一切工作都是以人为中心的。设备的作业能够提高效率、降低人的失误，同时也是配合人的工作来设置的。为了让作业员能够在规定的时间内以正确的作业顺序，按照标准的要求，制造出品质符合规格要求的产品来，必须要对作业者进行作业训练。

标准作业是指符合作业要领书的作业，对作业者的作业训练就是以作业要

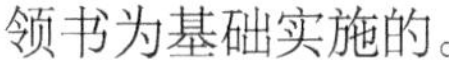

领书为基础实施的。

在作业训练前需要进行充分的计划，包括以下方面：

- 所有的产品无遗漏。
- 所有的作业都有要领书。
- 所需要的零件、设备、台车、辅助用品等准备就绪。
- 针对作业训练的结果有评价、考核的基准等。

6. 试制、评价

制造准备阶段的试制、评价可以分为两种类型，分别是生产线下的试制和生产线上的试制，以及相对应的评价。生产线下的试制是指在一个固定而非流水线的场所将零件按照正确的顺序和正确的方法装配到车辆上。而生产线上的试制是指，按照正规的生产布局，将设备以及相关的用品、台车等进行正式的摆放，然后由作业员按照正规的作业要领书进行装配、检查作业。生产线下的试制在不考虑生产节拍的状况下，只是确认零件本身是否有问题，以及作业性、工具、装配顺序、要领书是否有问题。而生产线上的试制是正式生产的模拟，一般情况下在制造准备期间会有三次生产线上的试制和评价，在丰田的内部叫法分别是 1A、量 A，以及品确。A 是英文的 Assembly 的缩写，1A 从字面意思就可以看出来，是指第 1 次生产线上的试制。量 A 则是要进行小批量的试制来验证生产、品质的稳定性。品确是量产前的最后一次生产线上的试制，如字面意思所要表达的，是对品质的最终确认，并判定量产所需要条件是否都已经具备。

制造准备阶段生产线上的试制。要求整车厂和供应商，都要进行本型本工序的对应。所谓本型本工序是指，用正规的模具采用正规的工序来进行生产。这也意味着，在 1A 之前，所有的零件的单品的品质打造必须都已经完成，而转为零件之间相互匹配、确认整体性能的阶段。1A 是第一次在生产线上生产，也就意味着虽然工人进行了多次的作业训练，但是真正在正规的工位上按照规定的节拍进行生产还是第一次，在这个过程中，不光评价汽车产品的质量，也评价人的质量、设备的稳定性等。不管前期准备得多么充分，在这时候也一定会出现大量问题，但是这正是评价阶段的目的之一——充分地暴露问题，将问题可视化，然后逐个消灭。如果在试生产阶段的生产台数不够多，就会导致有些问题偶然没有暴露出来，这些问题就有可能在量产之后爆发，那个时候采取对策的难度将会加大很多。特别是有一些零件本身的问题，可能需要修正模具或者变更对应设计，时间上就会非常严苛，不能满足生产的需要。

另外，线上评价又是一个多维度互相交叉的过程，大家既是前工序又是后工序。以总装车间的工序为例，它们首先是设计和零件的后工序，对于装配性问题，会有针对性地去跟进设计部门或质量部门，要求他们来回答。同时通过总装车间的工序生产的车辆又要接受设计部门或质量部门的一些有针对性的评价，如果最后发现是由于装配造成的问题，这个时候设计部门和质量部门又会反向地去跟进总装车间的对策状况。同时，一辆车的评价是多方位的，既有作为生产制造部门的生产线上的可制造性的评价，又有完成车必须满足的性能、外观方面的评价，还有涉及好多生产线上的检查、生产线下的监察及多个部门的不同维度、不同角度的评价，销售部门作为真正面向顾客的部门，还会抛开丰田的标准，站在顾客的角度进行评价。这又是相关部门之间统一标准的一个过程，是否是真正的问题，问题由谁来解决，解决期限是什么时候，都需要跟踪、确认和明确。总装车间是焊接车间、涂装车间及成型树脂车间的后工序，它们相互之间也要确认的是，作为一个整体，其流动能否按照量产的期望进行有序的跨车间运行。

量A的评价目的有两个，第一个是评价1A的问题对策是不是都有效，第二个是对生产品质稳定性的确认，确认车辆零件是否能够在正规的生产线上按照正规的节拍进行稳定的连续生产。特别是对供应商来说，如果有条件的话，要进行大批量的试制，计算工序能力是否满足量产的需求。

品确是一个非常特殊的阶段，既可以算作是制造准备的最后阶段也可以算作是量产的初期阶段。此时生产的车辆已经是商品车了，但是还是需要进行最终是否可以发售的判断。判断的依据有很多，包括品质、生产设备、物流等方方面面。所有的关键绩效指标都达到要求之后，车辆正式出厂发售，整个项目阶段就算是完成了。

一款车型从最开始的 CE 构想到设计开发，生技准备，制造准备，试制评价，直到车辆量产所需要的所有评价项目都合格才能发售到市场。用一句话来概括，就是“产品项目开发要打造的是一个可以持续稳定生产品质优良产品的体系。”这个体系称为良品条件体系，在第 5 章中本书会进一步详细阐述。

第 5 章 新车型开发阶段自工序完结的实施

一个车型的生命周期从整体上来说分为两大阶段，分别是新车型开发阶段和量产阶段。在这两个阶段，自工序完结活动的使命是不同的。新车型开发阶段自工序完结活动的主要使命是打造良品条件，而量产阶段对于自工序完结活动来说是真正的实施阶段，主要任务包括良品条件的维持管理和完善改进。全生命周期的良品条件如图 5-1 所示。

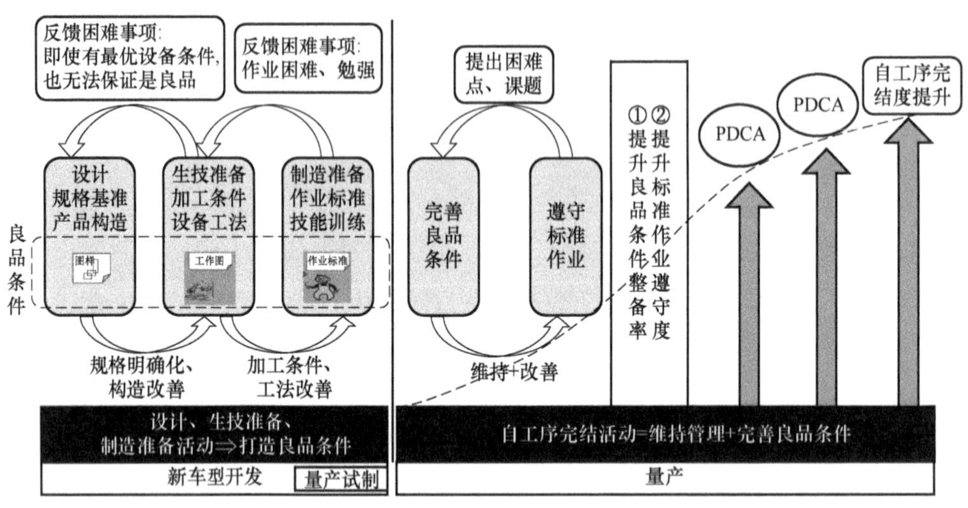

图 5-1 全生命周期的良品条件

如前文所述，在新车型的开发阶段分为三个子阶段，即设计阶段、生技准备阶段和制造准备阶段。三个阶段的任务分别是进行设计要件、生技要件和制造要件三方面良品条件的整备工作。从流程关系来看，三个阶段是非常紧密的前后工序关系，以丰田“后工序是前工序的顾客”的角度来说，设计阶段和生

技准备阶段都是为制造准备阶段的工作服务的，最终的目的都是为了能够连续稳定地生产出品质优良的汽车。

三大要件从业务内容来说虽然不一致，设计要件主要是图样、生技要件是设备、而制造要件是作业要领书，但在三大要件整备时，在工作思路方面又有比较统一的地方。不管整备哪一方面的良品条件，首先都要明确一个基本问题，是关于“不变”和“变”的关系。

5.1 “不变”与“变”的辩证关系

“不变”与“变”的辩证关系见表 5-1。

表 5-1 “不变”与“变”的辩证关系

变化与否	好处	弊端
不变	品质稳定，生产安定，依赖性高，计划性好	没有成长，竞争力降低，在环境变化时无主动权
变	提升商品力，提高效率，降低成本，增加竞争力	品质风险，交付风险，信赖性风险

从卡尔・奔驰发明了第一辆汽车，到福特开创了汽车的流水线生产，一直发展到现在，汽车作为量产工业品不管从动力性能还是外观造型、人机工程学都有了巨大的发展变化。可以说，汽车正是伴随着不断的技术、管理变化才能发展成为今天的样子，只有不断的革新变化才是汽车产业的竞争力和生命力。

但是，从另外一个维度来看待变化和发展的话，产品构造、生产工艺、加工流程的变化同时也是一把双刃剑，这是因为存在新技术成熟度的问题，也可能会带来产品品质、依赖性的风险。特别是在汽车的生产节拍是秒为单位计算的大批量生产时代，对变重点确认不充分而带来的风险会被无限放大。

所以，从汽车企业的角度来说，“不变”与“变”是一对既矛盾又统一的话题。既要追随大的环境趋势进行主动的变化，又要从量产稳定的实际角度尽可能地减小变更点带来的风险。

5.2 产品设计的“不变”与“变”

作为汽车产业的设计师，最优先考虑的事情肯定是产品的品质稳定性（见图 5-2），否则即使设计再精彩炫目，也会被批量的质量问题所掩盖。那么，什么样的产品稳定性最好呢？毫无疑问，当然是实际经过批量生产和市场验证的设计，这样会形成稳定循环（见图 5-3）。所以汽车设计师在接到设计任务时，首先应该尽可能减小变化规模。

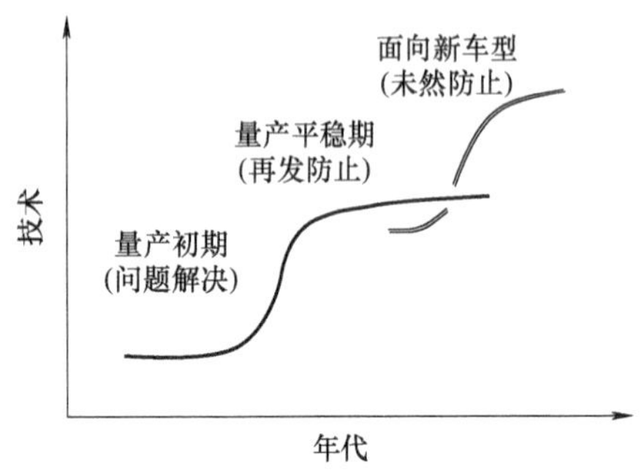

图 5-2　产品的品质稳定性

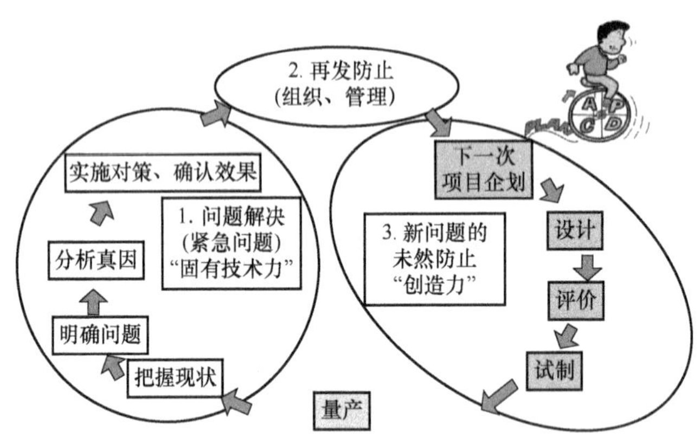

图 5-3　稳定循环

但是，另外一个事实是，既然是新车型的项目开发，那一定要有变化，这些变更点可能是迎合市场的需求，如增强汽车的动力性能或增大内部空间等，也可能是提高产品的吸引力，如改善外形和增加内饰质感等，还可能是为了降低成本而变更材质或更改配置等。也有被动的变化，如为了满足新的国家法规要求、行业标准等，需要降低排放，或增加前照灯的亮度等。

设计人员需要在满足开发目标的前提下，尽可能小地缩小变更点的规模，

以最大限度地保证品质的信赖性，下面以某车种中期改款为例进行简单说明。

一般情况下，汽车行业的改型换代为三年一改款，五年一换代。中期改款的情况下，一般车辆的车身骨架和动力系统不会发生变化，而外饰和电控系统则会有升级改动。以下几点是设计者对变更点的层次把握。

1）系统有无变化：如发动机、冷却、悬架、转向等系统都可以留用，而安全系统和大灯、保险杠等主要外饰单元则需要变化。

2）系统的变化规模：即使是系统需要变化，也要确认是否必须要进行零件的变化。如安全系统，由于顾客对安全气囊的数量比较在意，所以在中期改款时将原来只有高配置车辆的气囊扩大到低配置车辆上使用，但气囊零件本身已经存在，不需要进行开发。

3）零件需要变化：其内部构成品、材质等是否可以留用？如大灯由于造型发生变化，所以灯壳、灯骨都需要重新开模具，但是其与车体匹配的结构、内部的灯泡，以及与灯泡发动机线束匹配的位置都要留用。

如上所述，设计在满足开发目的的基础上，应实现尽可能小的变化规模，这样既降低了新开发造成的工时浪费，又降低了品质风险和成本浪费。

设计是基础，设计变化的规模决定了生技和制造需要变化的内容，以及变化带来的品质风险。下面本书将围绕着“不变”与“变”两条主线分别介绍设计要件、生技要件、制造要件的打造过程。“不变”与“变”的基本思路见表 5-2。

表 5-2 “不变”与“变”的基本思路

区分	部位	有无变化	配置变化	零件变化	构成品可否留用
性能系统	发动机	—	—	—	—
	冷却系统	—	—	—	—
	悬架系统	—	—	—	—
	转向系统	—	—	—	—
	变速器系统	—	—	—	—
	空调系统	—	—	—	—
	燃油系统	—	—	—	—
	制动系统	—	—	—	—
	驱动系统	—	—	—	—

（续）

区分	部位	有无变化	配置变化	零件变化	构成品可否留用
性能系统	润滑系统	—	—	—	—
	安全系统	○	○	—	—
	电控系统	—	—	—	—
	电气系统	○	○	—	—
车身骨架	底板	—	—	—	—
	侧围	—	—	—	—
	顶盖	—	—	—	—
	后备厢	—	—	—	—
	发动机舱	○	—	○	○
外饰	大灯	○	—	○	○
	保险杠	○	—	○	—
	风窗玻璃	—	—	—	—
	其他	—	—	—	—
内饰	座椅	—	○	—	—
	仪表板	—	—	—	—
	其他	—	—	—	—

注：○表示“是”；—表示“否”。

5.3 基于“不变”的要件打造

“不变”是指该部位是一种从量产车型留用过来的零件或构造。因为是留用的，所以已经经历生产和市场的检验，是优是劣已经有实际结果可以参照。如果其在量产期间没有接到不良反馈，原则上所有的良品条件都留用就可以了；而即使其真的在量产期间发生过不良，也有实用的价值。可以借助其具体的不良现象、发生原因及对策效果等进行有针对性的评价。下面针对三大要件分别进行说明。

5.3.1 设计要件

在设计要件中，应区分新构造和留用构造。设计要件可分为两部分的内容，一部分叫作产品构造，另一部分叫作规格基准。下面分别进行说明。

1. 产品构造

在丰田的生技准备或制造准备的过程中，有一套针对设计问题的反馈机制，叫作预制造检查表（Pre-Production Check sheet，PPC）。PPC 是针对在生技准备过程或量产过程中发生的问题，为了更好地进行信息的传递而进行的一种标准化整备。在 PPC 中要包含不良现象的描述，以及对原因的分析、详细的解决方案等，并在合适的阶段反馈给设计。PPC 是针对留用构造进行设计要件整备的有效方法之一。

【案例】 过往不良：前拖车钩盖板卡爪部角度（装配完就不容易脱落的结构）（见图 5-4）。

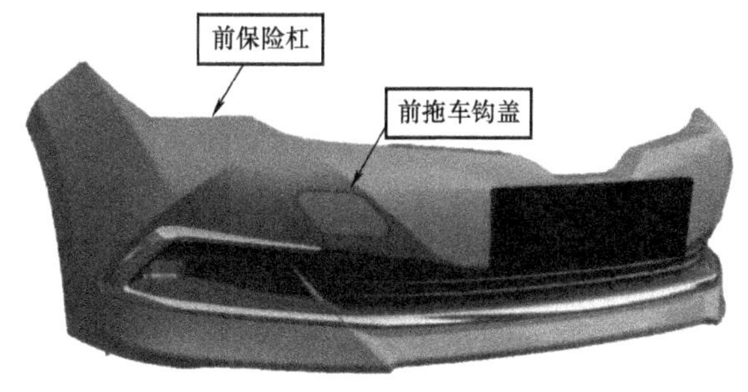

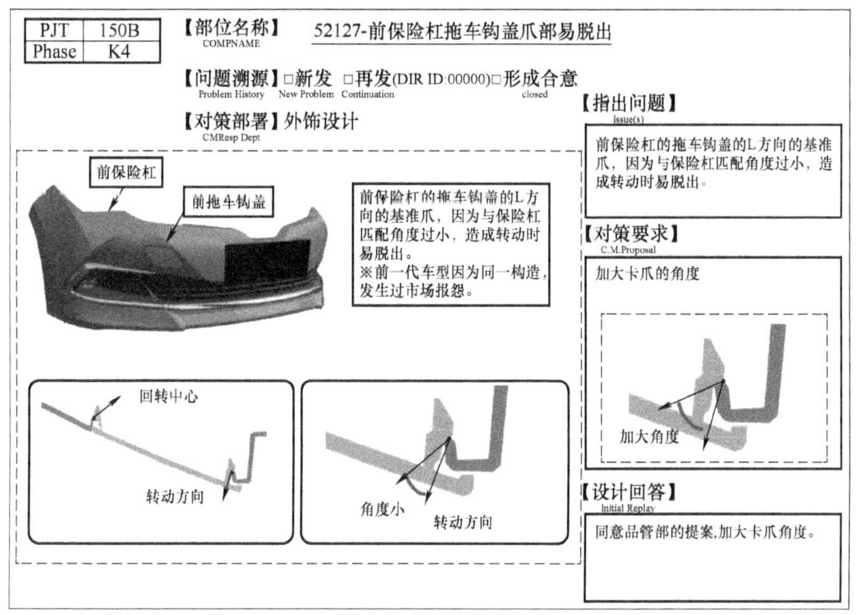

PJT	150B
Phase	K4

【部位名称】COMPNAME　52127-前保险杠拖车钩盖爪部易脱出

【问题溯源】Problem History　□新发 New Problem　□再发(DIR ID:00000) Continuation　□形成合意 closed

【对策部署】CMResp Dept　外饰设计

前保险杠的拖车钩盖的L方向的基准爪，因为与保险杠匹配角度过小，造成转动时易脱出。
※前一代车型因为同一构造，发生过市场报怨。

【指出问题】Issue(s)

前保险杠的拖车钩盖的L方向的基准爪，因为与保险杠匹配角度过小，造成转动时易脱出。

【对策要求】C.M.Proposal

加大卡爪的角度

【设计回答】Initial Replay

同意品管部的提案,加大卡爪角度。

图 5-4　过往不良：前拖车钩盖板卡爪部角度

在此案例中，量产车型中曾经接到市场上的反馈，顾客抱怨前拖车钩盖在行驶过程中脱落的问题。从工艺流程来说，拖车钩盖板是由外协厂家制作的，然后运输到整车厂的成型车间，装配到保险杠上再一起进行涂装。在涂装完成之后，成形车间的作业员会将拖车钩盖板从保险杠上取下来，进行简单的外观检查，随即装到一个塑料兜里并粘贴在保险杠上。在出厂时，这个拖车钩盖板也不会再装配到车上了，因为在车辆出厂运输到销售店的过程中，不管是海运还是陆运，都需要对车身进行固定，而固定要用绳子捆绑在拖车钩上，在这种状态下拖车钩盖板是无法装到车身上的。

对于市场上发生的前拖车钩盖板脱落的问题，从构造上来说，拖车钩盖板与保险杠是通过两个卡爪来固定的。其之所以容易从保险杠中脱落，是因为在与保险杠匹配的局部，前拖车钩盖板卡爪的角度太小，很容易沿着转动方向从保险杠上滑出来。解决对策就是将该卡爪的角度变大，但是同时还要考虑在装配前拖车钩的时候，前拖车钩盖板需要拆下来，所以卡爪角度又不能太大。最终量产质量工程师以 PPC 的形式对该设计问题进行标准化，并在合适的时点反馈给设计，之后的车型就可以形成更加优化的标准构造了。

正如前文所说，由于拖车钩盖板不能够装配到完成车上，所以在终检线上的检查员也无法确认其是否容易脱落，那么这个品质特性就只能依靠产品本身的构造和精度来进行保证。这正是自工序完结的基本思路。

2. 规格基准

规格基准是设计要件另外一个重要组成部分。要想真正地实现设计意图，对这个产品进行过程和结果管控的话，需要有明确的管理项目，以及管理项目的规格范围。在留用构造的情况下，一般管理项目和规格基准也会留用，但也要确认过往的车型中有没有因为规格基准的不合适导致的不良，以及相关的原因和对策状况。

下面以车门玻璃导槽胶条脱出的不良（见图 5-5）作为案例来进行说明。

玻璃导槽胶条的作用是作为车门玻璃升降的轨道，它由三个边组成，分别与门框中柱部分的立边、门框的上横边及门框分隔条装配在一起，形成一个倒 U

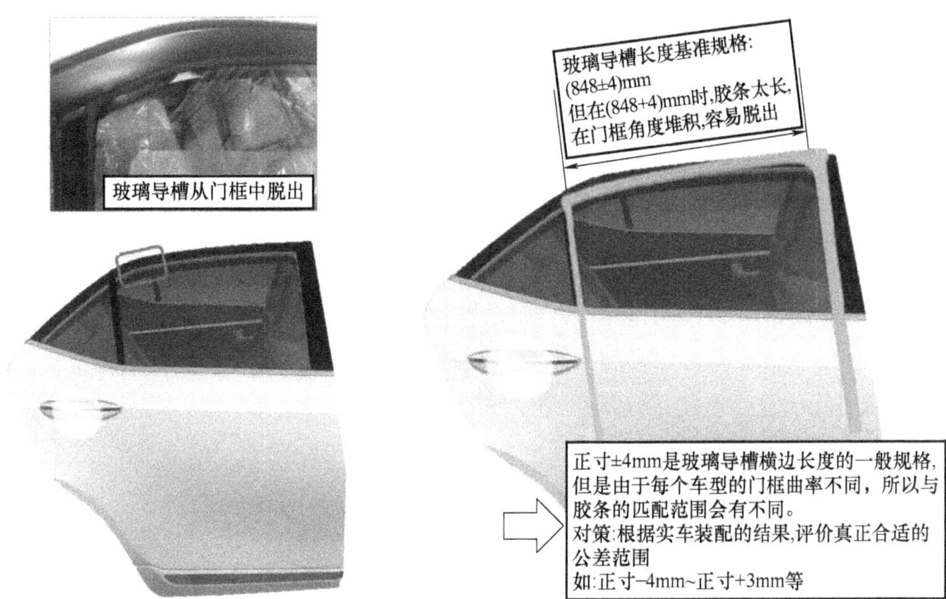

图 5-5　车门玻璃导槽胶条脱出的不良

形的玻璃轨道。实车的不良是，在玻璃上升下降的过程中玻璃胶条从车门框上横边部脱出，然后被玻璃将其唇边咬入门框内。经过分析，发现是由于胶条的横边长度虽然在设计规格范围以内，但相对于车门来说过长，导致其安装后在门框的角部堆积造成的。具体从数值上来看，胶条横边的基准规格是（848±4）mm，当实际尺寸达到 852mm 即规格上限时，就会出现上述不良现象。最终的对策是调整玻璃导槽胶条横边的基本规格至 848^{+3}_{-4}mm，即将基准规格范围缩小了 1mm，以保证装车品质。

在这个案例中，（848±4）mm 是一个基于过往经验的规格，但是在实际的装车过程中，由于门框的大小以及曲率不同，对胶条长度的容错程度会有变化。在实际工作过程中，必须要进行设计规格上下限产品装车评价来确认其合理性。如果装车品质有问题，就需要对其进行适当的调整。

如果是一个新构造，则其对应思路又完全不一样，需要基于这种新构造的具体变更点、其最终的品质基准、为了实现这个品质基准需要的良品条件进行头脑风暴和相关的验证。

5.3.2　生技要件

1. 设备结构-留用构造

生技要件包括两个方面——设备构造和加工条件。首先针对设备构造相关的要件进行说明。第一种情况是有留用构造情况下的设备要件，主要是从过往不良的方面来考虑，先确认有没有由于设备的构造造成的不良实例。如果有的话，就需要在设计设备构造时将相关的对策植入。

【案例】　过往不良：分隔条焊接基准（见图 5-6）。

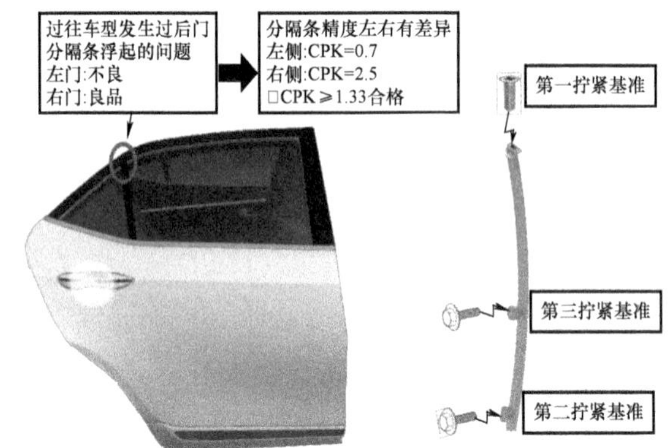

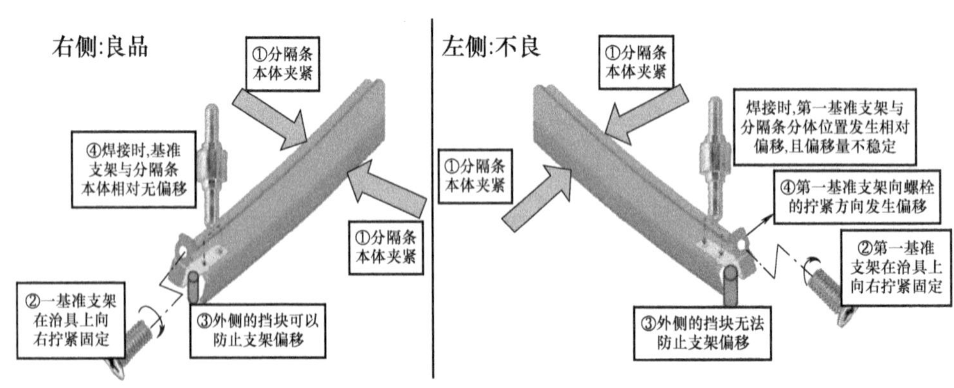

图 5-6　分隔条焊接基准

以车后门的分隔条因焊接设备构造不好造成不良为例进行说明。由于后座椅的位置和后轮胎的相对位置，后车门的主体部分都不是长方形的，所以导致后车门玻璃分为两块，一块是可以升降的玻璃，另一块是为了拓宽视野而加装的角窗玻璃，两者之间是以一个分隔条隔开的。分隔条的作用非常重要，它上面连接门框，下面连接车门的内板，前面作为玻璃升降的通道，后面又要固定角窗玻璃，从功能上要起到防水，防止风噪声的作用，从外观上还要与门框饰条进行匹配，所以设计上对分隔条的精度有非常高的要求。在过往车型中也实际发生过由于分隔条精度不良造成漏水等问题，而且所有的漏水都集中在左侧车门上。对分隔条的精度进行统计分析，发现左右门分隔条的工序能力存在明显差异。

右门完全没问题，其精度的过程能力指数 CPK 可达 2.5 以上，而左侧的 CPK 却只有 0.7 左右。所以，在整车厂反馈左侧分隔条的精度问题之后，供应商只能依靠对全部产品的尺寸进行再确认来保证。但是，由于工时的原因，还是时有不良流出到整车厂。

那么究竟是什么造成了左右门分隔条之间的这种差异呢？为什么左侧如此的不稳定呢？首先可以分析车门分隔条的构造，它在车身上的安装是依靠上中下三个螺栓来进行定位和固定的，左侧分隔条精度的不良主要发生在最上面与门框匹配的面位置上。进一步从细分构造来看的话，分隔条又分为两大部分，一部分是分隔条的本体，另外一部分是三个定位支架，本次的问题主要出在最上端的第一基准支架上。分隔条在进行焊接的时候，其本体部分是通过治具夹紧来进行定位的，而第一基准的支架尺寸非常小，所以它的定位必须要借助它唯一的定位孔拧紧到治具上进行主定位，然后再依靠外侧的固定块的夹紧进行辅助定位。从图 5-6 中可以看出来，右侧的分隔条基准支架在焊接前要通过螺栓向右侧进行拧紧，而在其右侧也就是外侧有一个挡块可以防止支架由于拧紧转动带来的偏移。厂家的焊接生技工程师想当然地认为既然分隔条是左右对称的，所以将左右侧的治具进行了完全对称的设计，基准支架的挡块也就设置在了支架的外侧，即左侧。但是，左右分隔条的螺栓拧紧方向是一样的，即都是从左向右拧紧，这就导致左侧分隔条的基准支架在焊接前拧紧时，完全起不到限位的作用，所以左侧的支架在焊接的时候一直在随着拧紧力的大小不同而发生不同程度的偏移，而分隔条是以小支架为基准进行测量的，就会发现本体的面位置非常不稳定。通过以上分析后，对策就很简单了，将左侧分隔条的支架的限位挡块也设置在其右侧后，这个问题就顺利解决了。由于所有的车型后门的分隔条构造都是大同小异的，所以这个对策可以在所有车型的焊接治具中进行横向标准化的展开。

还需要进一步说明的是，在本案例中，也可以体现出自工序完结的内涵来。不依赖人的检查来保证品质，而是通过设备本身的合理构造来保证，只要设备本身的构造是合理的，然后配合适合频度的设备保养和点检，就可以保证只生产品质优良的产品。

2. 加工条件-留用构造

下面针对生技要件的第二种情况，即设备的加工条件相关的要件进行说明。与前边的设备构造思路也是一致的，基于零件或设备构造是一种留用构造还是新构造作为确认的切入点。在留用构造的情况下，要确认有无由于设备的加工条件错误导致的不良的实际案例。如果有的话，在进行设备条件设置时，必须要将其思考点和对策进行植入。

下面以前照灯的一个漏水不良（见图 5-7）为例来进行说明。前照灯是车的眼睛，兼具造型、照明两大功能，是车身的核心部件之一。由于前照灯本身照明发热，需要及时地将热量散发的性能要求，所以它必须具备可以透气但不能透水的构造，对防水有很高的要求。从整体构造上来说前照灯分为三部分，第一部分灯的本体叫作灯毂，是与车身连接并安装所有灯的配件的基本部分；第二部分是可以看到的灯罩，也就是作为外观的透镜；第三部分是发光单元以及相关的反射部件等。

大灯的防水功能的实现，其中很重要的是灯毂与灯罩之间结合的热熔胶，热熔胶在加热后，通过设备喷嘴涂布到灯毂的槽里面，然后通过下压设备将灯罩压入灯毂。热熔胶在连续打胶的部位由于吐出均匀，一般不太容易出现问题，最脆弱的部分是在胶的结合部，即起点与终点连接的位置。这个位置处即使有一段重合也会因为宽度方向上的间隙产生漏水的风险。过去的车型中曾经发生

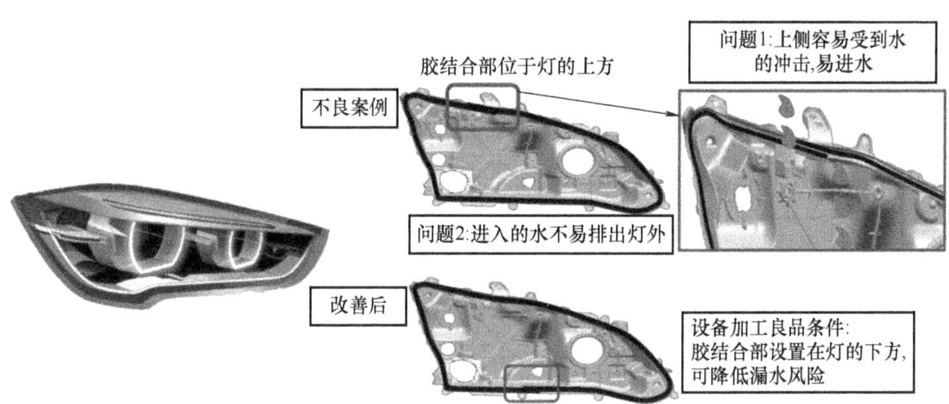

图 5-7　前照灯的一个漏水不良

过由于胶的结合位置不好造成漏水的不良案例。检查不良灯发现胶的结合部都处于灯的上方位置。胶的结合部处于灯的上侧有两个问题：第一，上侧容易受到水的冲击；第二，进入的水不容易排出。从这个案例中得出结论，必须将胶的结合部设置在灯的下侧，以此作为设备的加工条件。

5.3.3　制造要件

1. 作业标准

前文设计要件的零件构造和规格基准，生技要件的设备构造、加工条件，对于汽车制造来说都是间接条件。真正接触到汽车实物的作业，不管是人直接作业还是人操作设备进行作业，最终都是靠生产线的作业者来实现的。所以，在自工序完结的体系里面，有的作业没有设计要件，有的作业没有生技要件，但所有的作业一定都有制造要件。制造要件，从整体来说分为两类，第一类是合适的作业标准，第二类是为了实现标准作业要求作业者必须实施的技能训练。先从关于作业标准的制造要件开始。

在确定作业标准的过程中，与确定设计要件、生技要件的思路一致，先要确认该作业要素是属于新构造还是留用构造。针对留用构造，先要确认该构造过往是否有过作业标准相关的不良履历。没有不良履历的话，直接复制过往的作业标准即可，要是有过往不良的话，要将过往不良的对策思考植入新的作业标准中。

下面以车门防水膜的粘贴作业（见图 5-8）为例进行说明。车门防水膜是一种传统的构造，但是经常发生由于作业失误导致的漏水不良。从不良的原因来看，主要包括打胶的位置异常或者是防水膜在粘贴时出现的位置偏差、按压不实、褶皱等造成防水功能失败。

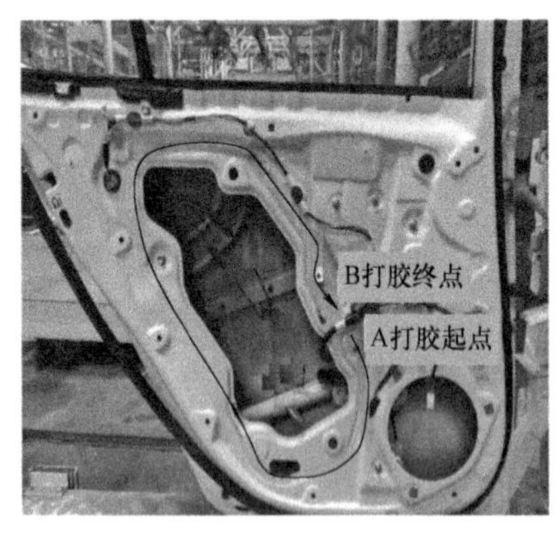

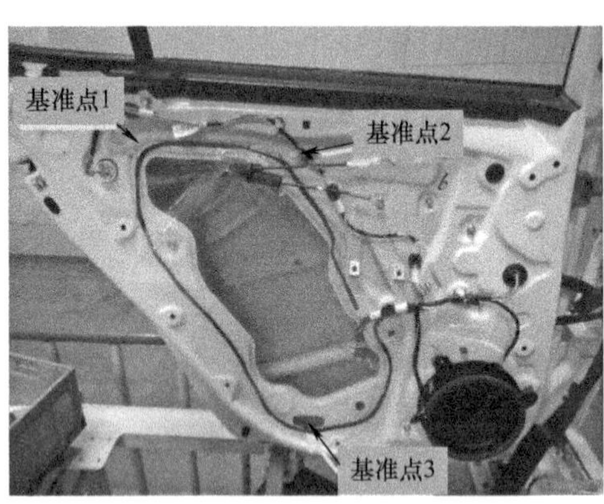

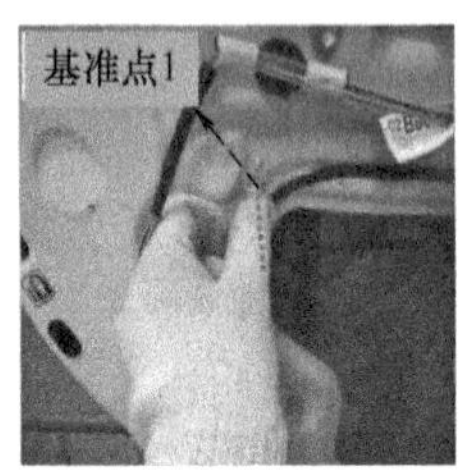

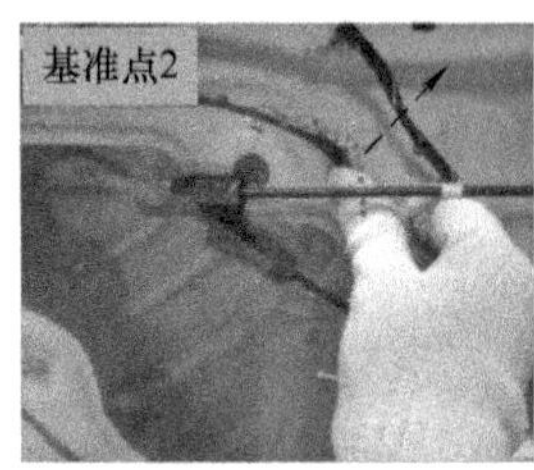

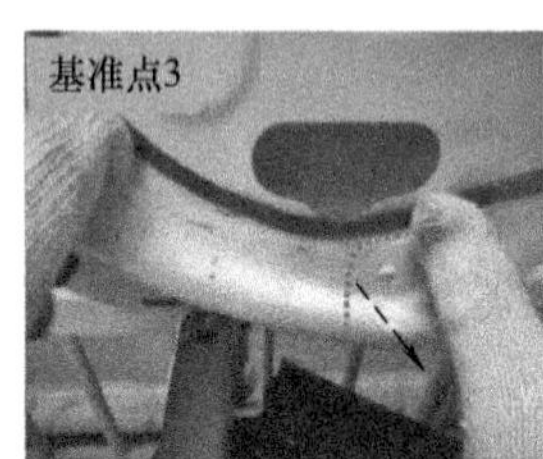

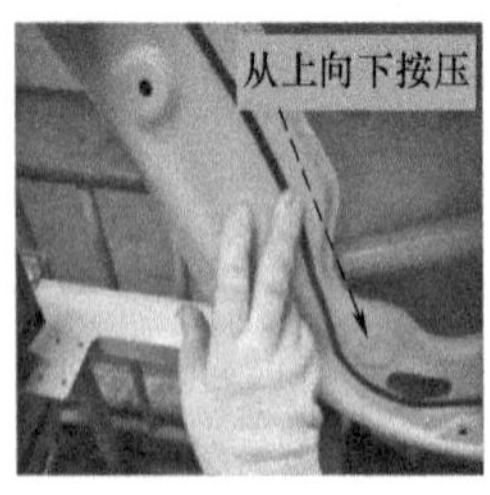

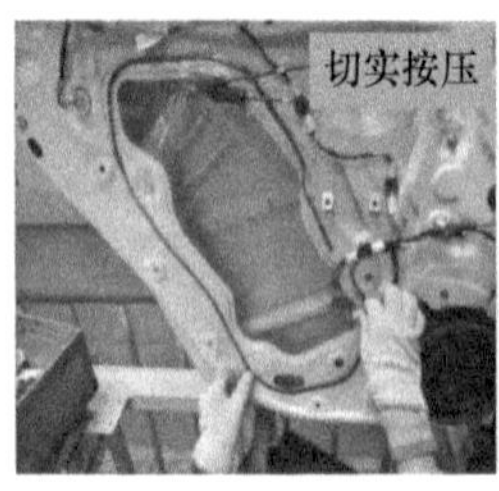

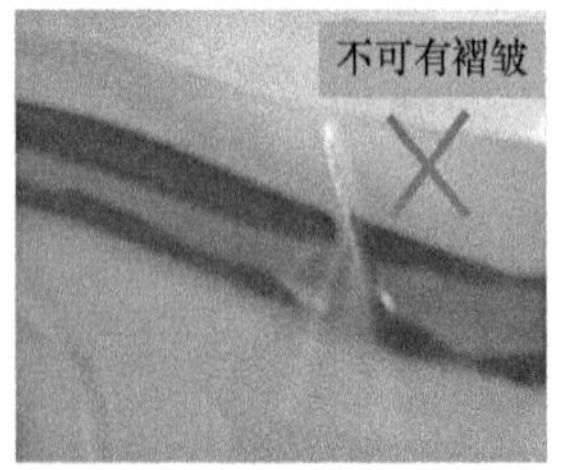

图 5-8 车门防水膜的粘贴作业

结合这些过往不良，防水膜的粘贴作业的作业标准可以整理如下：

1）打胶作业，如图 5-8 所示，从 A 点开始延顺时针方向打胶一直到 B 点为止。注意打胶不要偏移出胶槽。

2）防水膜的定位，为了防止防水膜的错位，首先要将基准进行对齐，分别是上面的基准点 1、基准点 2 和下面的基准点 3，按照顺序对这三个位置进行初始的按压。

3）防水膜的粘贴，将防水膜从上到下进行切实的按压直至贴实，确认不能有褶皱。

作业者只要能够切实地按照上述作业标准实施作业，就可以保证防水膜不会发生由于作业造成的漏水。

2. 技能训练

在汽车实际的量产过程中，为了实现自工序完结，除了需要有明确的作业标准以外，还需要作业者真正具备能够遵守标准作业的技能，所以针对作业技能的训练是制造要件中的重要一环。下面以风窗玻璃的装配技能为例进行说明。

汽车有前后两块风窗玻璃（见图 5-9），它们通过玻璃胶粘在车身的两个侧围和顶盖中间以及前后窗台板上。由于焊接作业以及零件的偏差，两个侧围之间的距离会在某一个范围内波动，所以风窗玻璃的安装定位基准设定在顶盖上面，并且只能进行前后和上下两个方向的定位，左右方向没有定位基准，最终玻璃的固定是靠固化之后的玻璃胶的黏性实现的。

图 5-9　风窗玻璃

由于这种特殊的构造，所以装配风窗玻璃对作业者的技能有很高的要求，主要表现在以下几个方面：

1）玻璃胶打到玻璃上后，必须在5min之内将玻璃安装到车体上，否则可能就有粘贴不牢固而漏水的风险。

2）玻璃需要左右两名作业者同时作业，并要能通过目视和手感尽可能地实现左右均分。

3）在对玻璃进行左右均分的基础上，两名作业者需要同时找到定位基准，同时按下，否则可能就会出现玻璃胶按压不均的情况。

4）对于两名作业者的按压力度也有很微妙的要求，力度不可过小，否则会粘贴不牢；力度也不可过大，否则会存在玻璃胶被过度按压之后的反弹而造成胶拉伸的不良；也不可用力地拍打，否则会影响胶的分布，最后都会造成漏水风险。

上面这些要求都需要作业者在多次反复训练之中形成技能。单纯只是从文件上要求作业者，是无法真正实现自工序完结的。

像这种固定构造作业的要点以及对技能的要求，都是在长期针对量产中发生的不良进行原因分析后发掘出来的一些关键点。

到现在为止，本书已经完整地介绍了基于“不变”即设计结构留用的情况下，设计要件、生技要件、制造要件的打造方法。下面本书介绍基于“变”的前提下，如何打造自工序完结的三大要件。

5.4 基于“变”的要件打造

设计要件基于“不变”时，即零件或构造为留用的情况下，基本思路是对过往不良的“再发防止”，而设计要件的“变”是指零件或构造为全新的设计，并未经历过生产或市场的检验。基于“变”的设计要件打造的基本思路是“未然防止”，请参见前文图5-2所示。

所谓未然防止，是指事前预测将来可能发生的问题，防患于未然。在开发设计阶段，应致力于新增问题的未然防止，即不断地提高新产品的“创造力”；而在量产阶段，应不断提升对突发问题的解决力，即所谓的“固有技术能力”，并将问题的改善对策植入下一轮的开发设计中，形成良性的PDCA循环，这就是丰田的未然防止体系。在未然防止体系中，DRBFM 是在车辆开发设计阶段开展的主要工作方法。

所谓“未然防止”，从字面意思也可以看得出来，是指以系统的工作方法，提前识别出品质风险，防患于未然，丰田在设计阶段采用了系统性的 DRBFM 工作方法，也称为稳定循环，下面进行详细介绍，如前文图 5-3 所示。

5.4.1　DRBFM 的概念

DRBFM 是一种以故障模式与影响分析（Failure Mode and Effect Analysis，FMEA）为基础，利用故障树分析（Fault Tree Analysis，FTA）的分析手段，着眼于设计变更点，提炼出故障模式（问题点）的未然防止活动。变更点包括以下两个方面：

- 主动变更点（设计变更点）。
- 被动变化点（使用环境、条件变化点）。

5.4.2　DRBFM 的基本理念

DRBFM 的基本理念分为 3 个 GD 原则，下面展开详述。

1. GD1，即 Good Design，好的设计

有一个英文词叫 Robust，中文在经济学领域翻译成稳健性，是指即使在混乱的环境中也能够保持容错性的意思。这个词可以很好地代表 Good Design 的定义。

只有具备稳健性，有容错能力的设计才是好的设计，才能更加适应大批量生产的品质要求。基于此，在丰田体系下，对好的设计有两种情况下的要求。第一，能保持不变的地方尽量不做改变，因为“不变”的设计才具有稳健性。第二，即使必须做出改变，设计也要充分考虑各种使用情形，尽可能具备足够的稳健性。在第二种情况下，针对有变更点或变化点的地方进行清晰的可视化，是特别重要的。

下面对话的例子在设计部门内经常会听到，可以从中体会一下什么是好的设计。

一名设计师正在与他的领导共同确认一个设计构造，他设计了一个将树脂板与钢板直接用螺栓拧紧的构造。领导看到后，有了下面的这一段对话。

领导："你的这个设计不合理啊，直接用螺栓拧紧树脂和钢板，有力矩衰减的风险，你还是在树脂板的孔上加一个金属环的结构吧。"

设计师："我做过试验了，结果是力矩在规格范围内，没有问题。如果再加上金属环的话，会增加额外的成本。"

领导："你做多少试验都没有用，因为这个设计不合逻辑，不合逻辑的设计就不是好设计。这就像你只是偶然地将一个圆锥倒立在桌子上，并不是把圆锥倒立的设计就合理了。一个好的设计，一定是即使有外界的干扰也能够保持稳定的构造。稳健性是设计时最基本的考虑。"

还可以举一个汽车上的例子来进一步说明。

防振橡胶是汽车上常见的一种构造，对减小振动噪声和加强操控稳定性都起到重要作用。以发动机的减振块来说，一方面它要尽可能高效地传导发动机的动力，同时还要尽可能地隔断发动机的振动和噪声。在这一对互相矛盾的要求之下，设计上的平衡就非常重要了。另外，因为发动机橡胶减振块靠近发动机、排气管这些温度很高的零件，所以它的耐热耐久性也非常重要，设计人员在其形状和材料特性方面会花费大量的工时。如果这个零件出现变更点，可能会打破当初的平衡，设计人员需要花费大量工时来返工。所以一般情况下，发动机与减振块的匹配形式不会轻易改变。为了维持好这种平衡，发动机减振块的形状和特性会记入到"设计遵守事项"里面。

但是，"设计遵守事项"并不是设计准则，有时候需要为了满足新车型的性能开发要求不得不做出变更。这种时候，必须要将这种变更点进行清晰的可视化，并与相关者进行充分的讨论和验证。这种讨论和验证就是下面要讲的Good Discussion。

2. GD2，即"Good Discussion"，好的讨论

好的讨论是指组织相关设计和各领域的专家，充分有效地对设计上的变更点进行讨论和验证。那么讨论的主要内容是什么呢？答案是挖掘提炼出设计上的弱点。新设计的产品在交付给顾客之前一定要进行充分的评价，但是，往往一个看似简单的零件的评价项目多达数十个。如果不分重点进行评价，可能会造成成本的上升和工时的浪费，却未必能够完全评价出存在的品质风险。所以，必须要针对弱点进行评价，而这正是“好的讨论”的目标。

下面以一个材料方面的虚拟故事来深入探讨一下 Good Discussion 的内涵。

【案例】 A 公司是一家材料供应商，他们的某树脂材料以低价格进入某主机厂的采购序列。之所以能够进成功进入，是因为他们的销售人员没有将材料的缺点告知对方。结果这个材料被设计用到了仪表板骨架上，由于骨架对强度要求较高，在试制过程中发生了断裂。可以想象，不告知主机厂的设计人员材料的缺点，从商业角度来说虽说可以理解，但是从技术角度来说，却是不可思议的。

后来，A 公司吸取教训，在之后的竞标中，实事求是地将材料的缺点告知主机厂的设计人员，但是却仍然发生了由于材料而产生的事故。这一次设计人员将该材料用在了保险杠上，虽然保险杠对强度的要求没有那么高，但是由于靠近前照灯，其耐热性能不足，导致长时间亮灯之后，保险杠发生了热变形。

在经历过这两次教训之后，A 公司和主机厂都吸取了教训。A 公司将材料的性能向设计师开诚布公，而设计师在开发阶段，也针对材料扬长避短，将其用在合适的零件上，并且在开发过程中与 A 公司的技术人员一起进行讨论，共同基于 FMEA 排除了零件的弱点，取得了双赢。

从这个案例中可以得出如何进行“好的讨论”，是指设计与相关人员在做好信息共享的基础上，发挥各领域专家的特长，针对产品的变更点可能引起的故障进行讨论，并明确到 DRBFM 工作表中。

3. GD3，即 Good Design Review，好的设计审查

好的设计审查是指基于好的设计，将变更点予以明确，基于好的讨论，将由于变更点而可能影响的故障进行可视化，在此基础上着眼于问题的解决，并将问题的解决方案分别反馈到设计的图样、评价项目和制造要件上。

从表 5-3 所列设计修正手段特征中可以看出，好的设计审查不管是从领域的宽度、发现问题的能力以及时效性上来说，都强于客观的试验和 CAE（电脑辅助模拟评价）的效果。

表 5-3 设计修正手段特征

区分	领域的扩大	结果的正确性	问题检出力	缩短时间的期望
设计审查（Design Review）	◎	△	◎	◎
试验	○	○ 有散布	◎~○	△
CAE	△	先期正确 ◎	△	○

注：◎表示完全符合；○表示基本符合；△表示部分符合。

GD 三个理念相辅相成，循环实施，互相支持，标志着丰田从修正型管理向预测对应型管理的转变。以这个三理念为中心，丰田形成了 DRBFM 理论体系，并在实践中不断修正，走向成熟。

5.4.3 DRBFM 的实施过程

1. DRBFM 最终的输出物

先看一下 DRBFM 最终的输出物，是表 5-4 DRBFM 工作表这样的一张表格，下面对其内容进行详细介绍。

① 零件名/变更点：设计人员将有变更点的零件及具体的变更点进行明示。

② 功能：变更点部位的功能。

③ 由设计人员记入的由于变更导致功能丧失、商品竞争力降低或可能引发的失效。

④ 在与各方面的专家进行讨论时，分析出的其他性能影响。

⑤ 基于什么原因可能会导致③项的性能失效。

⑥ 基于什么原因可能会导致④项的性能失效。

⑦ 该功能丧失对顾客的影响。

⑧ 该功能的重要度。

⑨ 为了排除该功能丧失的影响应如何设计。

⑩ ⑨项中设计项目如何在设计的工作中反映。

⑪ ⑩项工作的负责人。

⑫ ⑨项中设计项目如何进行评价以证明其有效。

⑬ ⑫ 项工作的负责人。

⑭ ⑨项中的设计项目如何反映到制造工程中。

⑮ ⑭ 项工作的负责人。

⑯ 上述工作的推进进度。

在表格的上方是 DRBFM 的基本信息，包括具体的车型、系统、参与者，以及实施日期等，在此不再赘述。

2. 表格的填写过程

整个表格的填写过程，其实也就是 DRBFM 的实施过程（见图 5-10）。

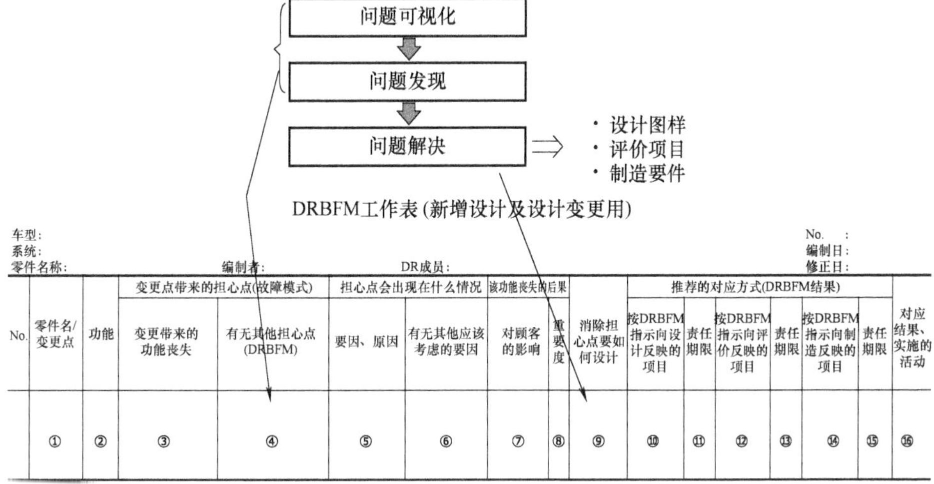

图 5-10　DRBFM 的实施过程

DRBFM 的实施过程为问题可视化、问题发现、问题解决，即前文介绍的 GD3 的实施过程。

第一步，GD1：Good Design = 问题可视化

能不变的设计都不变，将变更点进行可视化。具体写清楚变化的零件、影响的功能，以及基于什么原因。对应表 5-4 中的第①、②、③、⑤、⑦、⑧。

第二步，GD2：Good Discussion = 问题发现

以设计为中心，通过与材料专家、评价专家、生技专家、质量专家、供应商

表 5-4 DRBFM 工作表（新增设计及设计变更用）

车型：　　　　　　　　　　　　　　　　　　　　　　No.：
系统：　　　　　　　　　　　　　　　　　　　　　　编制日：
零件名称：　　　　编制者：　　　　DR 成员：　　　　修正日：

No.	零件名/变更点	功能	变更点带来的担心点（故障模式）		担心点会出现在什么情况		该功能丧失的后果		消除担心点要如何设计	推荐的对应方式（DRBFM 结果）						对应结果、实施的活动
			变更带来的功能丧失	有无其他担心点（DRBFM）	要因、原因	有无其他应该考虑的要因	对顾客的影响	重要度		按 DRBFM 指示向设计反映的项目	责任期限	按 DRBFM 指示向评价反映的项目	责任期限	按 DRBFM 指示向制造反映的项目	责任期限	
	①	②	③	④	⑤	⑥	⑦	⑧	⑨	⑩	⑪	⑫	⑬	⑭	⑮	⑯

等进行针对变更点的深入讨论，从零件的稳健性、可制造性、耐久性、整车匹配性等各方面分析可能会产生的影响。这一部分对应表格中的第④、⑥、⑦、⑧。

第三步，GD3：Good Design Review = 问题解决

设计与各方面的专家针对 GD2 中明确出来的问题，讨论解决的方案，并分别反馈到设计的图样指示中以进行明示，反馈到试验部的评价项目中以进行对策效果的验证，最终反映到制造过程中，在设备和作业标准上最终彻底执行设计要求，并且要将执行的结果记入 DRBFM 的最后一栏，以记录备案。这一步骤对应表格中的⑨、⑩、⑪、⑫、⑬、⑭、⑮、⑯。

【案例】 由于汽车上的设计系统比较复杂，为了能够更清楚地说明 DRBFM 的实施过程，以及其与自工序完结的关系，举一个生活化的例子来辅助说明。

图 5-11a 是某剪刀厂现在生产的剪刀，其中剪刀主体的材质是不锈钢、剪刀把手外层包裹的材质为树脂，两片刀片之间通过铆接固定连接。由于市场竞争越来越激烈，而且不锈钢原材料价格上升，该企业面临的成本压力越来越高，所以公司老板命令设计部门尽可能减少不锈钢的使用量，同时要提高剪刀的售后服务质量，如果剪刀出现质量问题，可以通过更换零部件的方式进行修理，而不是只能抛弃。

结合老板的指示，设计师小王对剪刀的构造进行了更改，如图 5-11b 所示，剪刀的主体变成了树脂，只有剪刀刃部保留不锈钢材质。而且为了实现能够更换零件的目的，两片刀片的固定方式也从铆接变成了用螺钉拧紧的构造。

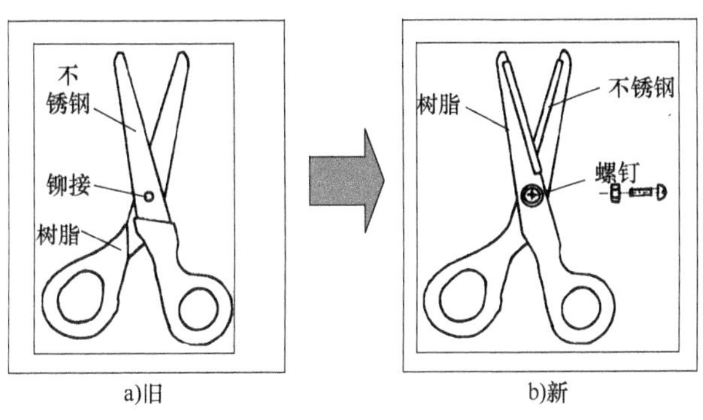

a)旧　　b)新

图 5-11　变更点

为了避免由于设计构造变更带来的品质风险，小王决定采用 DRBFM 方式对设计变更产生的问题采取未然防止。

1）第一步，基于 GD1：Good Design = 问题可视化，具体实施如下内容。

① 小王将变更点用图 5-11 所示的方式将变更点进行了明示。

② 小王按照自己的理解，列出了从旧剪刀到新剪刀的转变过程中变化与不变的因素的一览表（见表 5-5）。考虑到变化规模尽可能小的原则，小王决定将原用于刀把上的 PA 树脂材料用到刀体上。

表 5-5 从旧剪刀到新剪刀的转变过程中变化与不变的因素

部位	项目	旧	新	有无变化
刀刃	材质	不锈钢	不锈钢	无
刀体	材质	不锈钢	PA 树脂	有（用原刀把材质）
刀把	材质	PA 树脂	PA 树脂	无
支点	固定结构	铆接（ϕ4mm）	螺钉（M4）	有

③ 列举出可能会影响功能的问题点（见表 5-6）。经过梳理变更点和对功能影响的关系，小王将主要风险定义在新构造螺钉拧紧上，由于是金属螺钉与树脂刀体的配合，可能会出现螺栓松动和磨损的风险。而树脂刀身本身已经有过量产实用的实绩，所以他认为风险并不大。

表 5-6 可能会影响功能的问题点

变更点				1 次	剪物品		
				2 次	刀刃间隙适中	开合平滑	刀刃锋利
				基准	间隙 0~0.1mm	开合力矩 3N · cm 以下	*R* 角 0.01mm 以下
部位	项目	旧	新				
支点	固定结构	铆接（ϕ4）	螺钉（M4）		松动磨损	磨损	
刀体	材质	不锈钢	PA 树脂		变形黏着	变形黏着	
刀刃	材质	不锈钢	不锈钢				变形磨损
刀把	材质	PA 树脂	PA 树脂				

④ 以 FTA 方法反复问为什么，对可能影响松动和磨损的因素进行分析和排除（见图 5-12）。

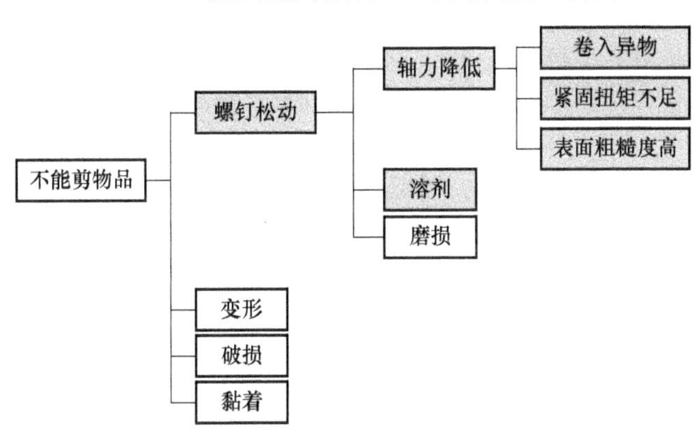

图 5-12　故障树分析法

⑤ 在分析完可能影响剪刀性能的要因之后，小王将分析的结果整理到了 DRBFM 工作表（剪刀）中（见表 5-7）。

2）小王召集材料专家、评价专家、生产专家、质量专家及供应商等一起进行 DRBFM 的会议，基于 GD2：Good Discussion = 问题发现，进行讨论。

他们讨论的顺序如下：

- 剪刀固定方式的变更会不会带来除了螺钉松动以外的功能丧失？答案是不会。
- 导致螺钉松动的要因有没有其他的因素？答案是小王考虑得已经很周全了，没有其他因素。

如何设计才能消除上述四个因素导致螺钉松动的问题，他们也一起讨论了对应方案。然后就有了 DRBFM 的更新参照表（见表 5-8）。

到此讨论并没有结束，材料专家看着设计整理出来的变更点清单提出了一个质疑——原来用于刀把的 PA 树脂，虽然有过量产实际，也没有什么市场抱怨和生产、质量问题，但是真的可以直接用到刀体上吗？毕竟在两个部位上，其发挥的作用并不一样。

材料专家的一席话令小王大吃一惊，如材料专家所说，他不能想当然地认为这种设计就是合理的。于是他们一起又进行了新一轮的 FTA 分析，这一次是针对 PA 树脂刀身的，分析结果如图 5-13 所示。

表 5-7　DRBFM 工作表（剪刀）

No.：

产品名称：剪刀　　　　　　　　　　　　　　　　　　　　　　　　　编制日：

零件名称：螺钉　　　　编制者：小王　　　　DR 成员：　　　　修正日：

No.	零件名/变更点	功能	变更点带来的担心点（故障模式）		担心点会出现在什么情况		该功能丧失的后果		消除担心点要如何设计	推荐的对应方式（DRBFM 结果）						对应结果、实施的活动
			变更带来的功能丧失	有无其他担心点（DRBFM）	要因、原因	有无其他应该考虑的要因	对顾客的影响	重要度		按 DRBFM 指示向设计反映的项目	责任期限	按 DRBFM 指示向评价反映的项目	责任期限	按 DRBFM 指示向制造反映的项目	责任期限	
1	剪刀支点/固定方式变更：铆接→拧紧	剪物品	螺钉松动		紧固扭矩不足		无法剪物品	A								
2					卷入异物											
3					表面粗糙度高											
4					紧固面溶剂黏着											

表 5-8　DRBFM 的更新参照表（剪刀）

No.：

产品名称：剪刀　　　　　　　　　　　　　　　　　　　　　　　　编制日：

零件名称：螺钉　　　　编制者：小王　　　　DR 成员：小李、张强、李晨、王非、三哥　　　　修正日：

No.	零件名/变更点	功能	变更点带来的担心点（故障模式）		担心点会出现在什么情况		该功能丧失的后果		消除担心点要如何设计	推荐的对应方式（DRBFM 结果）						对应结果、实施的活动
			变更带来的功能丧失	有无其他担心点（DRBFM）	要因、原因	有无其他应该考虑的要因（DRBFM）	对顾客的影响	重要度		按 DRBFM 指示向设计反映的项目	责任期限	按 DRBFM 指示向评价反映的项目	责任期限	按 DRBFM 指示向制造反映的项目	责任期限	
1	剪刀支点/固定方式变更：铆接→拧紧	剪物品	螺钉松动		紧固扭矩不足	无	无法剪物品	A	• 考虑树脂蠕变，使用树脂锁定螺母							
2					卷入异物				• 去除毛刺，防止产生树脂毛刺 • 指示组装前去除异物							
3					表面粗糙度高				• 防止螺钉安装面出现毛刺、缩痕及结合线							
4					紧固面溶剂附着				• 指示在成型及组装时不要使用下列溶剂 切削油、防锈油、润滑脂、蜡芳香剂							

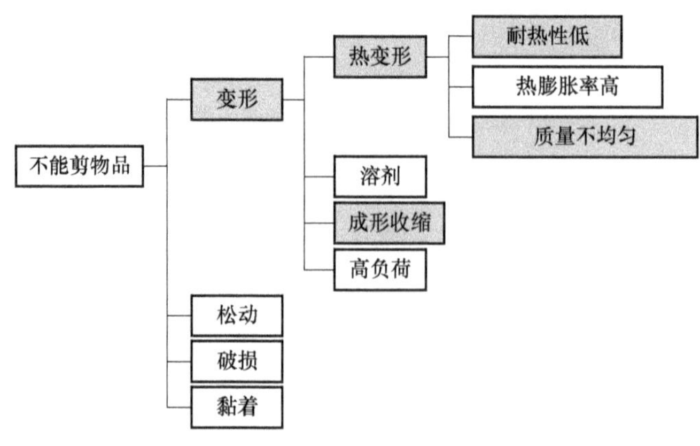

图 5-13 FTA 分析结果

结合新的分析结果，他们也研讨了从设计上消除这些担心点的方案。为了避免刀体的受热变形和树脂注塑成形时的收缩变形，材料专家推荐放弃现在使用的 PA 树脂，而改用耐热性能和成形收缩率更低的 ABS 树脂。另外从刀体的形状上下工夫，设计成为即使变形，刀刃间隙也只会朝变小的方向变化的构造。他们将这些讨论的结果都记入了新增设计及设计变更用 DRBFM 工作表中（见表 5-9）。

3）基于 GD3：Good Design Review = 问题解决，进行讨论。在讨论完针对螺钉松动和刀体变形的 7 个方面从设计上的对策方案之后，小王继续组织大家一鼓作气，分别将每个因素按照需要的设计在图样上明确标示，需要试验部门进行可靠性评价和需要制造部门进行对应调整的内容分别在 DRBFM 工作表上进行了更新，并明确了各个部门的对应责任和最终完成期限，见表 5-10。

一个月之后，试验部门针对螺栓拧紧部位的反复作动评价、ABS 树脂的高温变形评价以及剪刀的冷热循环实验结果都出来了，都在规格范围内。小王又联络各个部门的相关者进行了最后一次的 DRBFM 会议，将这些试验结果和与各部门约定好的事项整理到了 DRBFM 的最后一栏“对应结果、实施的活动”中去，见表 5-11。至此，小王成功地完成了他的设计任务，并且以他为中心将量产中为了实现自工序完结的良品条件也梳理清楚了。

表 5-9　新增设计及设计变更用 DRBFM 工作表

No.：

产品名称：剪刀　　　　　　　　　　　　　　　　　　　　　　编制日：

零件名称：螺钉　　　编制者：小王　　　DR 成员：小李、张强、李晨、王非、三哥　　　修正日：

No.	零件名/变更点	功能	变更点带来的担心点（故障模式）		担心点会出现在什么情况		该功能丧失的后果		消除担心点要如何设计	推荐的对应方式（DRBFM 结果）						对应结果、实施的活动
			变更带来的功能丧失	有无其他担心点（DRBFM）	要因、原因	有无其他应该考虑的要因（DRBFM）	对顾客的影响	重要度		按 DRBFM 指示向设计反映的项目	责任期限	按 DRBFM 指示向评价反映的项目	责任期限	按 DRBFM 指示向制造反映的项目	责任期限	
1	剪刀支点/固定方式变更：铆接→拧紧	剪物品	螺钉松动		紧固扭矩不足	无	无法剪物品	A	• 考虑树脂蠕变，使用树脂锁定螺母							
2					卷入异物				• 去除毛刺，防止产生树脂毛刺 • 指示组装前去除异物							
3					表面粗糙度高				• 防止螺钉安装面出现毛刺、缩痕及结合线							
4					紧固面溶剂黏着				• 指示在成形及组装时不要使用下列溶剂 切削油、防锈油、润滑脂、蜡芳香剂							

（续）

No.	零件名/变更点	功能	变更点带来的担心点（故障模式）		担心点会出现在什么情况		该功能丧失的后果		消除担心点要如何设计	推荐的对应方式（DRBFM结果）						对应结果、实施的活动
			变更带来的功能丧失	有无其他担心点（DRBFM）	要因、原因	有无其他应该考虑的要因（DRBFM）	对顾客的影响	重要度		按DRBFM指示向设计反映的项目	责任期限	按DRBFM指示向评价反映的项目	责任期限	按DRBFM指示向制造反映的项目	责任期限	
5						耐热性低			● 使用耐热性高的树脂 加热变形温度 ABS 73℃ PP 50℃ PA 55℃							
6	刀体/材质变更：不锈钢→PA树脂	剪物品		刀体变形		质量不均匀	无法剪物品		● 保持厚度一定，使膨胀量均匀 ● 将厚度设定为，即使变形，刀刃间隙也会变窄							
7						成形收缩率高			● 使用收缩率低的树脂 成形收缩率 ABS 0.5% PP 1.5% PA 0.5%							

表 5-10　各个部门的对应责任和最终完成期限

No.：

品名：剪刀　　　　　　　　　　　　　　　　　　　　　　　　　　　　　　　作成日：

构成品：螺钉　　　　作成者：小王　　　　DR 成员：小李、张强、李晨、王非、三哥　　　　修正日：

No.	零件名/变更点	功能	变更点带来的担心点（故障模式）		担心点会出现在什么情况		该功能丧失的后果		消除担心点要如何设计	推荐的对应方式（DRBFM 结果）						对应结果、实施的活动
			变更带来的功能丧失	有无其他担心点（DRBFM）	要因、原因	有无其他应该考虑的要因（DRBFM）	对顾客的影响	重要度		按 DRBFM 指示向设计反映的项目	责任期限	按 DRBFM 指示向评价反映的项目	责任期限	按 DRBFM 指示向制造反映的项目	责任期限	
1	剪刀支点/固定方式变更：铆接→拧紧	剪物品	螺钉松动		紧固扭矩不足	无	无法剪物品	A	• 考虑树脂蠕变，使用树脂锁定螺母	图样指示用 50N·cm 紧固→松动螺母，使操作扭矩为 (20±4) N·cm 树脂锁定螺母	小王 2021 年 5 月 30 日	耐久试验：循环试验→反复 2.5 万次操作扭矩 16~24N·cm（50 次×1 次/周×50 周/年×10 年）	李晨 2021 年 6 月 24 日	• 用定扭枪打紧，并安装防误装置	三哥 2021 年 7 月 25 日	
2					卷入异物				• 去除毛刺，防止产生树脂毛刺 • 指示组装前去除异物	图样指示去除毛刺及异物	小王 2021 年 5 月 30 日	—	—	• 安装前确认有无毛刺，有则除去	三哥 2021 年 7 月 25 日	
3					表面粗糙度高				• 防止螺钉安装面出现毛刺、缩痕及结合线	图样指示安装面上无缩痕及结合线	小王 2021 年 5 月 30 日	—	—	• 模具合模线位置要避开螺栓安装面	三哥 2021 年 7 月 25 日	
4					紧固面溶剂黏着				• 指示在成形及组装时不要使用下列溶剂	—	—	—	—	• 作业要领书指示，成形及组装工位不要使用下列溶剂 切削油、防锈油、润滑脂、蜡芳香剂	三哥 2021 年 7 月 25 日	

（续）

No.	零件名/变更点	功能	变更点带来的担心点（故障模式）		担心点会出现在什么情况		该功能丧失的后果		消除担心点要如何设计	推荐的对应方式（DRBFM 结果）						对应结果、实施的活动
			变更带来的功能丧失	有无其他担心点（DRBFM）	要因、原因	有无其他应该考虑的要因（DRBFM）	对顾客的影响	重要度		按 DRBFM 指示向设计反映的项目	责任期限	按 DRBFM 指示向评价反映的项目	责任期限	按 DRBFM 指示向制造反映的项目	责任期限	
5						耐热性低			• 使用耐热性高的树脂 加热变形温度 ABS 73℃ PP 50℃ PA 55℃	图样指示刀体使用 ABS 树脂	小王 2021 年 5 月 30 日	高温变形试验：0.01mm 以下@ 50℃ × 5h	李晨 2021 年 6 月 5 日	—	—	
6	刀体/材质变更：不锈钢→PA 树脂	剪物品		刀体变形		质量不均匀	无法剪物品		• 保持厚度一定，使膨胀量均匀 • 将厚度设定为，即使变形，刀刃间隙也会变窄	图样指示以下形状 凹槽 宽度一定	小王 2021 年 5 月 30 日	• 形状测定：4 处断面应在公差范围内 循环试验：0.01mm 以下@ 10⇔40℃ × 50 次（饱和）	李晨 2021 年 6 月 5 日	—	—	
7						成形收缩率高			• 使用收缩率低的树脂 成形收缩率 ABS 0.5% PP 1.5% PA 0.5%	图样指示 ABS 树脂	小王 2021 年 5 月 30 日	—	—	成形条件：保压冷却时间 15s 以上	三哥 2021 年 7 月 25 日	

表 5-11　加入“对应结果、实施的活动”内容

No.：
品名：剪刀　　　　　　　　　　　　　　　　　　　　作成日：
构成品：螺钉　　作成者：小王　　DR 成员：小李、张强、李晨、王非、三哥　　修正日：

No.	零件名/变更点	功能	变更点带来的担心点（故障模式）		担心点会出现在什么情况		该功能丧失的后果		消除担心点要如何设计	推荐的对应方式（DRBFM 结果）						对应结果、实施的活动
			变更带来的功能丧失	有无其他担心点（DRBFM）	要因、原因	有无其他应该考虑的要因（DRBFM）	对顾客的影响	重要度		按 DRBFM 指示向设计反映的项目	责任期限	按 DRBFM 指示向评价反映的项目	责任期限	按 DRBFM 指示向制造反映的项目	责任期限	
1	剪刀支点/固定方式变更：铆接→拧紧	剪物品	螺钉松动		紧固扭矩不足	无	无法剪物品	A	● 考虑树脂蠕变，使用树脂锁定螺母	图样指示用 50N・cm 紧固→松动螺母，使操作扭矩为(20±4)N・cm 树脂锁定螺母	小王 2021 年 5 月 30 日	耐久试验：循环试验→反复 2.5 万次操作扭矩 16~24N・cm（50 次×1 次/周 × 50 周/年×10 年）	李晨 2021 年 6 月 24 日	● 用定扭枪打紧，并安装防误装置	三哥 2021 年 7 月 25 日	● 反复操作试验结果：操作扭矩 21N・cm 没有问题 ● 已在图样上指示追加树脂锁定螺母并规定紧固扭矩
2					卷入异物				● 去除毛刺，防止产生树脂毛刺 ● 指示组装前去除异物	图样指示去除毛刺及异物	小王 2021 年 5 月 30 日	—	—	● 安装前确认有无毛刺，有则除去	三哥 2021 年 7 月 25 日	● 已在图样上指示去除毛刺及异物
3					表面粗糙度高				● 防止螺钉安装面出现毛刺、缩痕及结合线	图样指示安装面上无缩痕及结合线	小王 2021 年 5 月 30 日	—	—	● 模具合模线位置要避开螺栓安装面	三哥 2021 年 7 月 25 日	● 已在图样上指示应无缩痕及结合线 ● 模具合模线符合要求

（续）

No.	零件名/变更点	功能	变更点带来的担心点（故障模式）		担心点会出现在什么情况		该功能丧失的后果		消除担心点要如何设计	推荐的对应方式（DRBFM 结果）						对应结果、实施的活动
			变更带来的功能丧失	有无其他担心点（DRBFM）	要因、原因	有无其他应该考虑的要因（DRBFM）	对顾客的影响	重要度		按 DRBFM 指示向设计反映的项目	责任期限	按 DRBFM 指示向评价反映的项目	责任期限	按 DRBFM 指示向制造反映的项目	责任期限	
4	剪刀支点/固定方式变更：铆接→拧紧	剪物品	螺钉松动		紧固面溶剂黏着	无	无法剪物品	A	• 指示在成型及组装时不要使用下列溶剂	—	—	—	—	• 作业要领书指示，成型及组装工位不要使用下列溶剂 切削油、防锈油、润滑脂、蜡芳香剂	三哥 2021 年 7 月 25 日	• 已在作业要领书中明确指示禁止使用这些溶剂
5						耐热性低			• 使用耐热性高的树脂 加热变形温度 ABS 73℃ PP 50℃ PA 55℃	图样指示刀体保用 ABS 树脂	小王 2021 年 5 月 30 日	高温变形试验：0.01mm 以下@50℃×5h	李晨 2021 年 6 月 5 日	—	—	• 高温变形试验结果：变形量 0.007mm，没有问题
6	刀体/材质变更：不锈钢→PA 树脂	剪物品		刀体变形		质量不均匀	无法剪物品		• 保持厚度一定，使膨胀量均匀 • 将厚度设定为，即使变形，刀刃间隙也会变窄	图样指示以下形状 凹槽 宽度一定	小王 2021 年 5 月 30 日	• 形状测定：4 处断面应在公差范围内 • 循环试验：0.01mm 以下@10⇔40℃×50 次（饱和）	李晨 2021 年 6 月 5 日	—	—	• 形状测定结果：已确认 4 处都在公差范围内 • 周期试验结果：变形量 0.005mm，没有问题
7						成形收缩率高			• 使用收缩率低的树脂 成形收缩率 ABS 0.5% PP 1.5% PA 0.5%	图样指示 ABS 树脂	小王 2021 年 5 月 30 日	—	—	成形条件：保压冷却时间 15s 以上	三哥 2021 年 7 月 25 日	• 成形条件决定：型温 50℃，保压 18~20s

5.4.4　DRBFM 与 FMEA 之间的关系

在完整介绍完 DRBFM 的操作流程之后，本书讨论一下 DRBFM 与 FMEA 的关系。

FMEA 是被国内众多企业广为使用的未然防止手段之一。它是指抽出全部功能，分析这些功能潜在的所有故障模式，摘出要因并采取对策。采用 FMEA 最终可以建立一套基础数据，进而支持实现设计的标准化。它是在全新的、没有设计指导或没有同类产品生产实际的情况下，进行的大而全的故障模式排查。

DRBFM 是丰田出于 GD3 理念，通过关注变更点，整合开发过程的设计信息，组织业务链中相关者充分的沟通检讨，共同对问题点提出预防措施。这样会更早更有效地发现问题并将之消灭于萌芽。DRBFM 是设计的审查，是对本次设计的评审，不是像 FMEA 那样对设计工作的确认检查，但没有 FMEA 作为基础，针对变化的设计是无从谈起的。实际上，就整车而言，每次的更新换代中真正全新的系统或零部件是很少的，大多数设计都是在现有的技术基础上进行再创造，这样运用 DRBFM 就会更有针对性和时效性。当然 DRBFM 最终还是要形成标准化文件以指导下一代产品的设计开发。

FMEA 与 DRBFM 之间的关系可简述为以下区别和关联。

1）区别：两者的规模和工时不同，见表 5-12。

表 5-12　FMEA 与 DRBFM 的区别

	故障模式的提炼方法	特征
FMEA	对全部功能提取所有故障模式	新增零部件的开发时有效工时长
DRBFM	变更点带来的故障模式	基础零部件发生变更时有效工时短

2）关联：FMEA 是 DRBFM 实施过程中的工具之一，FMEA 与 DRBFM 的关联如图 5-14 所示。

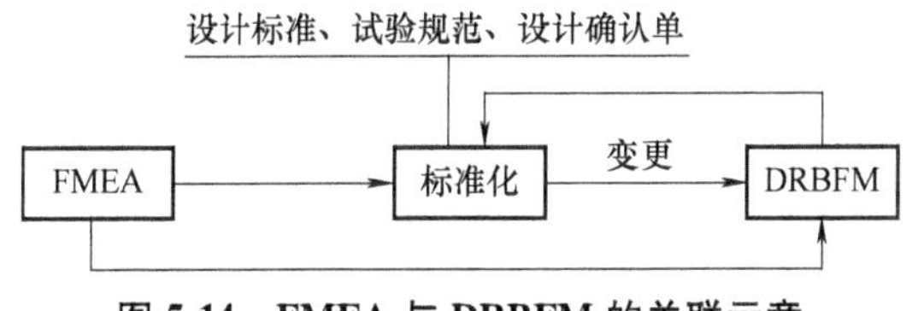

图 5-14　FMEA 与 DRBFM 的关联示意

5.4.5 新增设计构造下的自工序完结实施

通过对 DRBFM 的介绍可以看出，新增设计构造与留用构造的情况最大的不同是，在留用构造下，只需要有针对性地对过往不良的对策进行植入，在此基础上复制过往有实绩的成熟良品条件即可，是一种点对点的集中模式。

而新增设计构造时，则需要通过对存在变更点的部门实施头脑风暴、FMEA 评价、FTA 分析等，以有限的资源来对抗无限的可能。能做到的也只是尽可能地降低发生不良的概率，很难保证 100%没有问题。一切只有等进入量产，有了市场的检验后，才能知道考虑是否充分。

如案例中所讲到的，新增设计的自工序完结的良品条件打造是伴随着 DRBFM 分析同步实施的。DRBFM 分析时筛选出的担心点的对策向设计反馈的内容就是其设计要件，而向制造反馈的内容其实包含生技要件和制造要件两部分内容。结合上述某剪刀厂的案例，将三大要件列入表 5-13。

表 5-13 三大要件

要件	项目	实例
设计要件	产品构造	剪刀支点处采用树脂锁定螺母固定
	规格标准	螺母拧紧力矩为（20±4）N·cm
生技要件	设备构造	模具合模线要避开螺母拧紧位置
	加工条件	刀体注塑时完成后，保证条件型温 50℃，保压 18~20s
制造要件	作业标准	螺母拧紧前确认无异物，禁止使用溶剂，拧紧力矩按照标准敲定
	技能训练	定扭螺栓拧紧枪的使用方面的技能训练（拿取、工具异常确认等）

到这里为止，本书系统地介绍了自工序完结三大要件、六项内容的实施过程。

第 6 章 量产中自工序完结的完善

在第 5 章中，本书详细介绍了生技、制造准备过程是如何打造良品条件的。企业在开发、生技准备（以下简称生准）过程中的工作，最终目的其实只有一个，就是打造能够满足量产的良品条件。但是企业打造的良品条件是否可以完美地满足量产的需求呢？这只有经过实际的量产和市场的检验才能知道。

量产与生准不一样的地方在于，它不再需要考虑复杂的设计环境，也不需要过高的技术。从企业内部对量产的要求来说，反而显得特别简单，只需要完全按照生准过程中打造的要件来执行标准作业即可。

但是，如果企业因此就认为量产简单，那就大错特错了。把一件简单的事重复几千次、几万次还做好是最困难的。量产相对于生准也是这样，生准面对的是理论上的可行性，是小样本的验证，但量产却是最终的实际执行，千万次地重复相同的工作。在这里面有零件的误差波动，有设备的异常变动，有人的状态起伏，还有各种意想不到的突然情况，这些都可能会导致最终产品的问题，而这些可能都是由于企业在生准期间考虑不充分、样本量太小、良品条件的稳健性不足造成的。

本章要讨论的就是，如何在量产期间在基于生准打造的良品条件进行维持管理、有秩序的变更点管理的基础上，持续地针对量产期间发生的问题进行改善，以增强良品条件的稳健性。

6.1 量产期间的不良对应的实施方法

量产期间如果发生不良，基本思路是首先确认作业者是否遵守标准作业，也就是制造要件的要求，如果没有遵守的话，先要切实按照标准作业来实施。如果遵守标准作业仍然发生不良的话，那就意味着良品条件本身稳健性不足，更应该专注于良品条件的改善，让作业者有一个更加容易遵守标准作业、达到品质基准的环境。

完善良品条件的过程，其实就是解决一个个问题的过程，所以基本思路也是采用丰田问题解决（Toyota Business Pratice，TBP）方法（见图 6-1）。

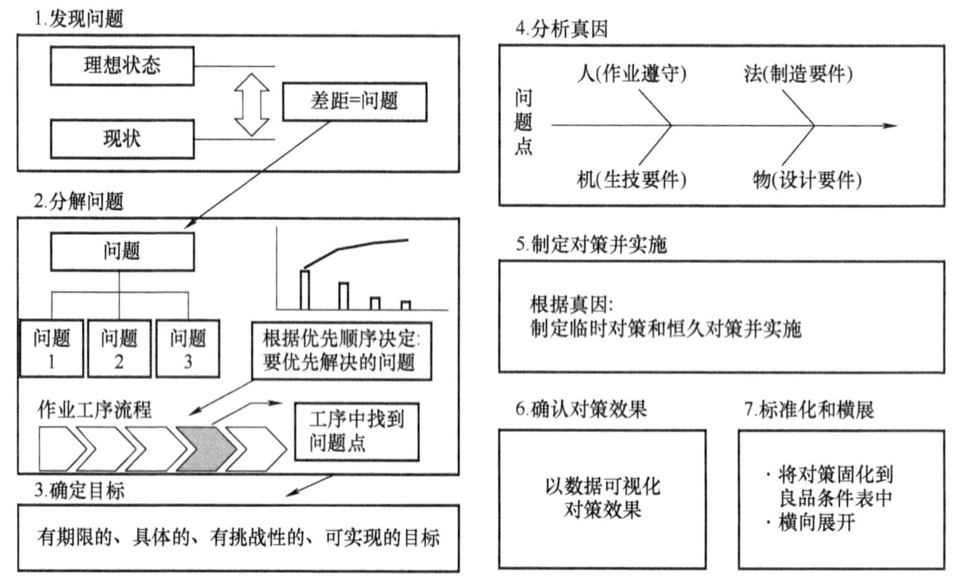

图 6-1 丰田问题解决方法

TBP 方法的思路简单，所以容易上手。中间的数据统计和分析会穿插着用到 QC 七大工具，介绍七大工具的资料非常多，本书中不再展开，下面会作为基本常识来使用。

6.2 案例介绍

为了能够让读者更清晰地理解丰田问题解决方法，下面以一个案例来进行说明。

【案例】 小朱是整车生产企业的质量管理人员，他 2011 年就进入了这家公司，主要负责车身内饰部门的整车品质。在量产质量部门学习了三年左右之后，他进入了该公司主力车型 CRL 的生技准备项目小组，他有幸从图样设计阶段就开始参与质量相关的审核确认工作，中间经历了图样审核、生产设备的导入、零件的试生产、整车的小规模试生产，在解决了无数质量问题之后，终于在 2016 年迎来了 CRL 的成功下线，并进入了正式的量产阶段。按照他们公司的体系，生技准备项目的成员，在量产后至少要继续跟进半年以确保稳定性，然后小朱从项目小组转移到了量产小组。

量产初期，得益于小朱在生技准备阶段的扎实工作，他负责的内饰部分品质比较稳定，而他也从繁忙的工作节奏中解脱出来，每天工作都相对轻松了许多。然后好景不长，在大约量产三周左右，小朱开始接到市场部门的联络，后座椅靠背部出现了成批量的异响不良。销售店在拆解完座椅后发现，支撑后座椅靠背的十字交叉梁的螺栓出现了松动，而且不良反馈的数据迅速增加。

小朱决定采用丰田问题解决方法来处理这个问题。

6.2.1　明确问题

小朱作为一名汽车质量工程师，他的职责是在 CRL 内饰领域内不交给顾客有问题的产品。现在市场上发生了 135 件后靠背异响的不良，现状与理想状态的差距就是他现在面临的问题（见图 6-2）。

虽然情况紧急，但是小朱还是决定先把握清楚事实情况，他首先去生产线上观察了一下产品的构造和生产布局。如图 6-3 所示，十字梁与车身的拧紧共有四处，分别是①、②、③、④。是由两名作业者站在车辆的两侧协同完成的螺栓拧紧工作。由于产能问题，他们公司白天和夜间都有生产，所以共涉及四名作业者的作业。

他们公司有非常完善的售后服务，小朱找销售工程师拿到了拿到了每一辆车的售后修理服务单以便进行更充分的事实把握。他对所有的数据进行了汇总后发现后座椅靠背的四处螺栓都有松动不良的发生，但是每个位置的发生件数却不一样。为了更清晰地呈现事实，他把数据整理到了一个表格当中（见表 6-1）。

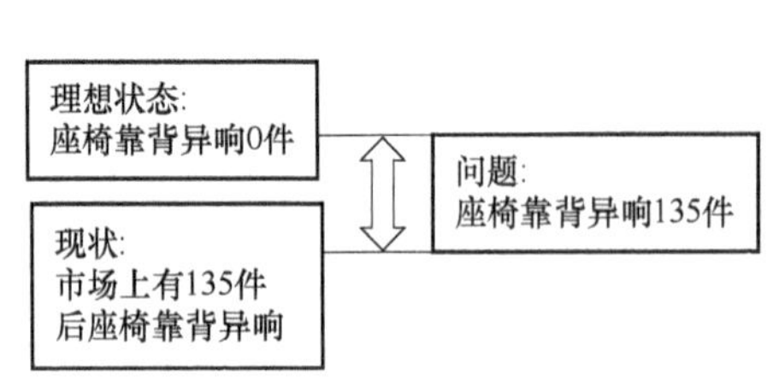

图 6-2 面临的问题

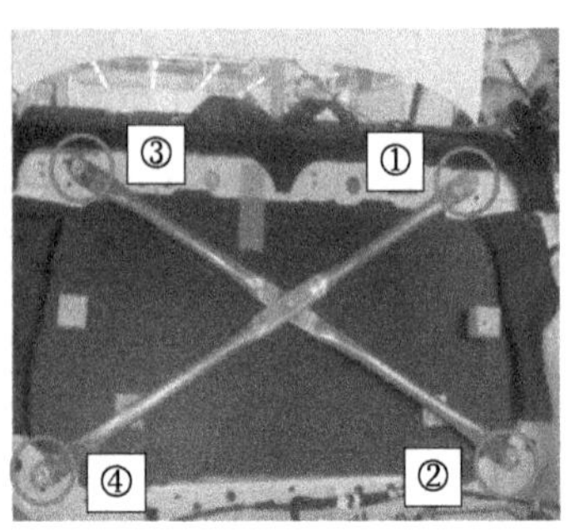

图 6-3 产品的构造和生产布局

表 6-1 数据整理表

部位	①	②	③	④	合计
件数	3	55	7	70	135
A 班	0	5	7	64	76
B 班	3	50	0	6	59

①②作业者相同　　③④作业者相同

从表 6-1 中可以看出现，四个部位都有发生，找不到能集中在一个特征点上的现象。小朱没有头绪，于是他决定采用 QC 七大工具之一的层别法进行更直观的数据对比分析以寻找规律。

一般在制造型企业里面，发生多个不良时，如果同一个作业涉及不同的班别，会先进行班别对比，以确认是否存在班别差。所以，小朱也首先进行了班别对比。从图 6-4 中可以看出两个班的发生件数对比为 76 对 59 件，没有明显差异。

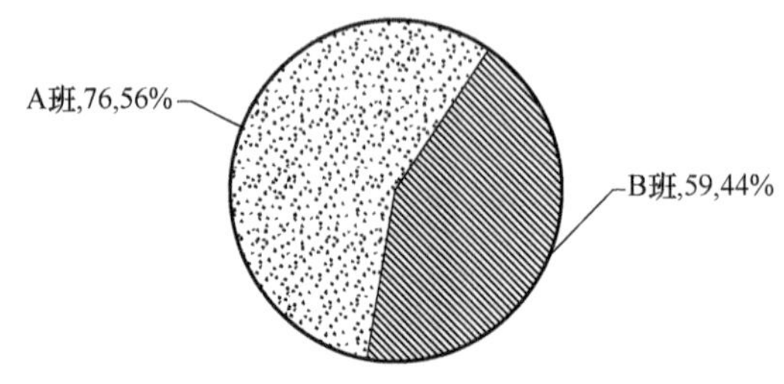

图 6-4 班别对比

小朱按照部位别和作业者别进行了对比，结果如图 6-5 和图 6-6 所示。这两个图中也发现不了明显的突出点，但是他注意到发生部位集中在②、④两处，而作业者也是集中在乙、丙两人身上。于是他决定进一步将作业者和不良部位进行排列组合，以寻找规律。

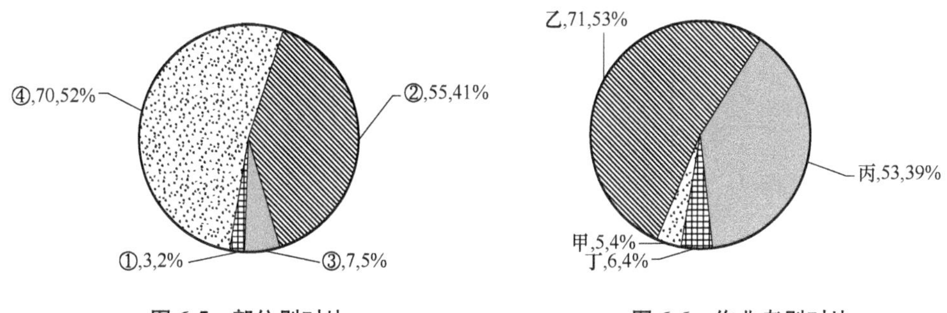

图 6-5　部位别对比　　　　图 6-6　作业者别对比

他将甲、乙、丙、丁四人以他们的作业部位及发生件数整理列入表 6-2。

表 6-2　作业部位以及发生件数整理

甲-①	甲-②	乙-③	乙-④	丙-①	丙-②	丁-③	丁-④
0	5	7	64	3	50	0	6

但还是不够清晰明了，小朱决定采用 QC 七大工具之二的帕累托图（见图 6-7）进行数据的可视化以帮助清晰判别。

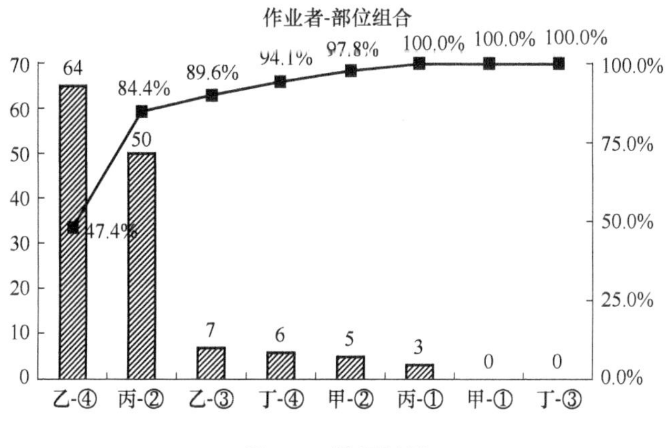

图 6-7　帕累托图

从图 6-7 中已经可以非常清晰地看出，主要不良都集中在乙作业的④号位置和丙作业的②号位置。小朱决定再去现场观察实际的作业流程，以进一步找到问题点。

当时正好是 A 班，他去生产线上时，作业者甲和乙正在装配十字梁，他观察到他们的作业流程如图 6-8 所示。

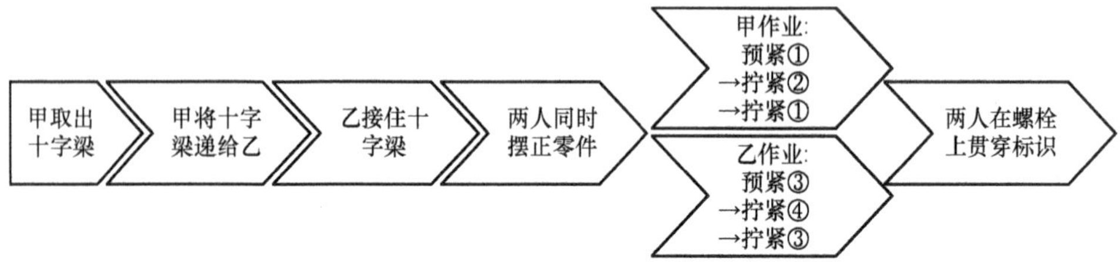

图 6-8 甲和乙的作业流程

当天晚上，小朱等到夜班上班之后，仔细观察了夜班丙和丁的作业（见图 6-9），若有所思。

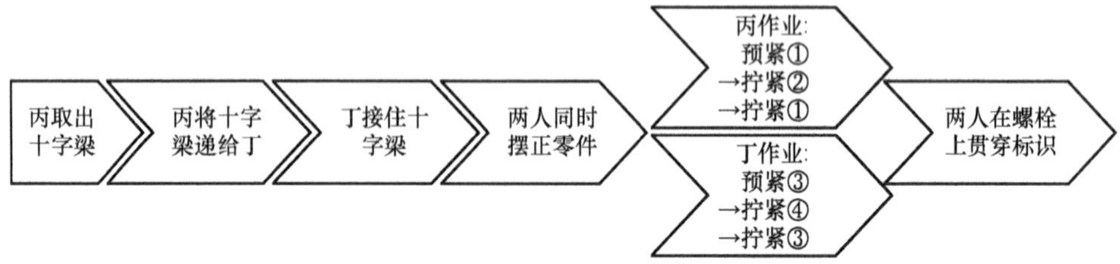

图 6-9 丙和丁的作业流程

从作业流程上看，两个班作业顺序和手法都差不多，但是小朱感觉在拧紧工位两个人的作业配合上两个班之间有不一致的地方。

第二天，小朱又去了生产线上，找到了作业者问了他们两个问题。

小朱："你们为什么拧紧时，先要将第一个螺栓预紧，然后拧第二个螺栓，最后再将其拧紧？"

作业者甲："我们要领书就是这样规定的，我也不是很清楚。"

小朱："你往螺栓上画贯穿标识的目的是什么？"

作业者甲："这个我清楚，是为了确认螺栓是否有松动用的，如果后期发生松动，能够看到贯穿标识发生偏移（见图 6-10）。”

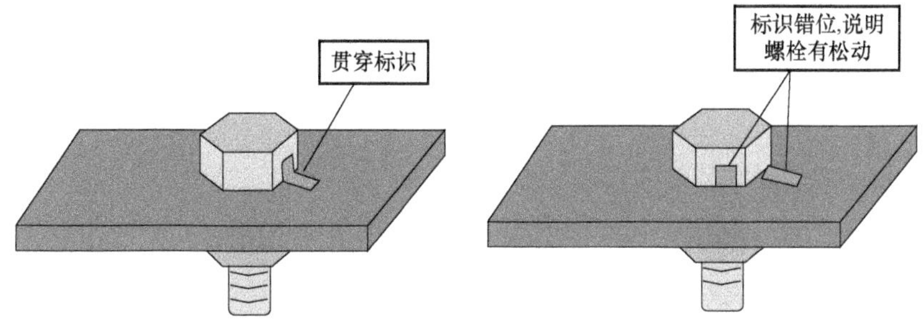

图 6-10　贯穿标识

小朱将问题点锁定在了两名作业者共同拧紧螺栓的作业工序。于是他将问题点明确为：“两名作业者的作业配合出现问题，导致了十字梁下部螺栓的后期松动”。

6.2.2　制定目标

在明确了问题点之后，小朱并没有急于着手调查，而是将进度向自己的领导进行了汇报，在得到认可之后，他们根据制定目标的五个原则（SMART 原则）共同确定了工作目标。

SMART 原则具体内容如下：

1）绩效指标必须是具体的（Specific）。

2）绩效指标必须是可以衡量的（Measurable）。

3）绩效指标必须是可以达到的（Attainable）。

4）绩效指标要与其他目标具有一定的相关性（Relevant）。

5）绩效指标必须具有明确的截止期限（Time-bound）。

最终小朱的工作目标是：“到 2016 年 4 月 6 日为止，将两名作业者的作业配合出现问题导致的十字梁下部螺栓后期松动的问题降低到‘0’件”。当时是 2016 年 3 月 23 日了，所以他需要在两周内完成解决问题的对策。

同时，为了避免不良流出到市场上给顾客造成困扰，小朱请总装车间的现场在装座椅靠背之前，进行全数的力矩二次确认，如果有不良出现的话，务必重新拧紧到规格范围以内才可以放行。并且要求确认人员，在确认或修正后要再次在螺栓上做贯穿标识，还要记录好确认结果。

6.2.3 分析真因

结合分解问题时得到的数据，小朱开始进行不良原因的分析。他这次采用的工具是 QC 七大工具之一的鱼骨图。鱼骨图也叫特性要因图，是日本管理大师石川馨发明的一种质量管理工具，现在已经广泛应用于各行各业。小朱拿出一张纸来，画了一幅鱼骨图的骨架（见图6-11）。

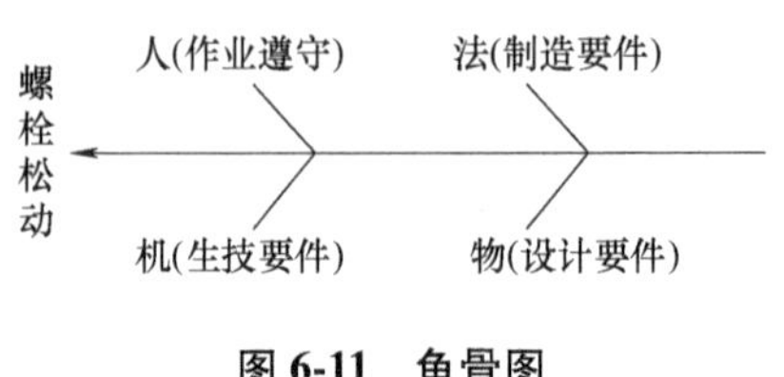

图 6-11 鱼骨图

小朱首先将目光盯到了“人”上，他心里想：“我们在生技准备阶段做了大量的工作，从设计要件上对产品构造、力矩规格进行了明确和验证；从生技要件上对拧紧螺栓的电枪的规格和拧紧参数也确认过；最后从制造要件上也对拧紧顺序进行了规定。这些良品条件都是验证过的，按道理不应该会出现大问题，现在市场上发生这么多件螺栓松动的问题。我不能轻易否定过去的工作，先看看作业者是否完全遵守作业标准吧。”

小朱来到现场，甲和乙正在认真的作业，他们也听说了最近市场上发生的不良，特别是看到小朱又过来观察他们作业，就更加认真了。

小朱拿到了甲和乙的作业要领书，翻到了螺栓拧紧那一页的要素作业票，然后对照着要素作业票的指示顺序开始观察两位作业者的拧紧作业。

两位的要素作业票中的指示均如下：

1）先将部位①（乙是部位③）螺栓预紧。

2）然后拧紧部位②（乙是部位④）。

3）最后再将部位①（乙是部位③）拧紧。

4）分别用记号笔在螺栓与十字梁搭接部位做好贯穿标识。

小朱突然发现甲虽然从动作上来看是遵守上述顺序了，但是他在预紧部位①的时候，有时候扣动电枪的时间会比较长，这样可能会造成部位①已经实际被拧紧了。于是在甲预紧完部位①，还没有拧紧部位②的时候，小朱把甲和乙的作业叫停了。他用手晃动了一下部位①的螺栓，发现已经纹丝不动了。于是他用扭力扳手测定了其力矩，果然已经达到了规格的要求。

这时小朱将眼光投向了另外三个部位，此时乙的部位③也已经预紧完了，但是十字梁还可以晃动，甲的部位②还没有作业，由于重力，紧贴着车体侧。而部位④却是一种翘起的状态。小朱用手把螺栓从部位④处穿过去，发现由于十字梁翘起的太严重，螺栓居然够不到车体孔上的螺母了。

小朱从乙手里面接过电枪，用力压着打下去，他感觉到虽然螺栓拧紧了，但是明显是斜着进去的。小朱拿起扭力扳手测定了部位④的力矩，结果显示也是在规格范围内的。小朱想了一下，告诉甲将部位②拧紧之后，他又顺次将部位①、②、③的力矩也进行了测定和记录。然后小朱转身去了检查线，要求这辆车下线之后给他保留。

半个小时之后，小朱来到了那一辆车边上，他拆下了座椅靠背，将十字梁完全露出，再次拿起扭力扳手，重新测定四个螺栓的力矩。结果部位①、②、③还在规格范围内，但是部位④的力矩却有了明显的衰减，已经接近下限值了。小朱将几个数据再次记录之后，开着这辆车去了颠簸测试路上跑了两圈，再次进行力矩测试，结果就更加明显了。①、②、③处还是没有变化，④处却已经低于下限值了。小朱一鼓作气，又绕着颠簸路跑了几圈，发现④处逐渐松动，到最后直接松脱，十字梁开始出现异响。

再现了异响不良的现象之后，小朱明确了，螺栓松动发生的原因是由于作业者甲没有遵守标准作业。在仔细观察松动后的螺栓后，他进行了下述的分析。

按照标准作业时的情况（见图6-12），甲先预紧①处的螺栓，在乙拧紧④处螺栓后，再拧紧①处，两边的螺栓都可以正常与螺母锁死，在满足力矩的情况下，后期力矩也不会衰减。

在甲没有遵守标准作业时的情况（见图6-13），他直接将部位①拧紧时，由于十字梁是一个细长的零件，其精度很难保证永远与图样尺寸一致，①处的直接拧紧，会导致④处的翘起。这时作业者乙会习惯性地一边推着十字梁去贴紧

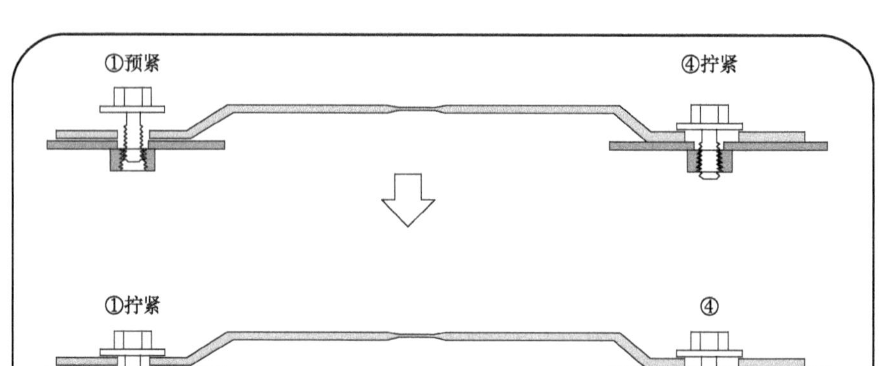

图 6-12 按照标准作业时的情况

车体一边做拧紧的动作，就有可能会导致④处的螺栓倾斜着打入车体上的螺母。在拧紧的瞬间，力矩由于枪的冲击力，达到了标准的要求，但是由于螺栓和螺母之间是一种异常的结合，所以力矩会慢慢衰减，在车辆受到颠簸时，螺栓会逐渐松动，最后造成十字梁的晃动而产生异响。

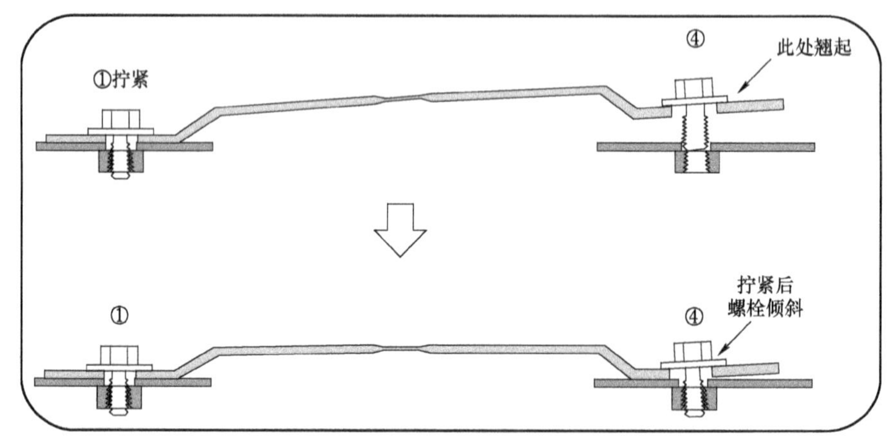

图 6-13 甲未遵守标准作业时的情况

让甲按照标准作业，按照①预紧→④拧紧→①拧紧的顺序重新安装之后，再次去颠簸路上进行反复测试，果然力矩没有任何的衰减。

6.2.4 制定对策并实施

小朱带着分析的过程以及验证的结果，再次来到生产线上。他这一次并没有直接找甲和乙，而是找到了他们的组长将情况进行了说明，指出作业者甲没有遵守标准作业的事实以及其影响。然后两个人一起向甲和乙说明了十字梁安装作业中必须先预紧后拧紧的真正目的。

为了彻底地防止问题再次发生，小朱要求组长修正了作业要领书，并在作业要点中写下了实施预紧的理由。

小朱在报告书中写下了下述内容：

- 发生原因 1：作业者未遵守标准作业（甲未实施先预紧，后拧紧的作业顺序）。
- 对策内容 1：在向作业者说明预紧目的的基础上，要求作业者必须执行标准作业。
- 发生原因 2：作业要领书中未明确甲和乙的先后作业顺序，也没有写明该作业顺序的目的，导致作业者会出现执行时的缺失。
- 对策内容 2：修正作业要领书，明确甲和乙的预紧、拧紧顺序，并明确写明理由。

小朱与组长明确了上述两项对策的开始实施时间。作业马上整改，要领书的修正因为需要上司和夜班的签字，需要两天的时间。

在制定完对策之后，小朱长舒了一口气，感觉非常轻松。他快速回到办公室，向他的领导进行了报告。领导当场肯定了小朱的解析结果和对策方案，表扬小朱分析问题的思路和现地现物确认的工作方法。然后，领导话锋一转，指出只是一辆车的确认，无法证明该对策是否真的有完全的效果，希望小朱做好后期的效果确认跟进工作。小朱也冷静下来了，表示一定与售后部门做好后期确认工作。领导却说，不仅仅是售后部门，单纯的等待售后的反馈不符合自工序完结的理念，应该采用更主动的方式确认效果。

6.2.5 效果确认

小朱开始思考自工序完结的理念，所谓自工序完结是指“让作业员在当场就可以带着自信判定其作业是否是合格。”那么如何才能让十字梁拧紧的作业者甲和乙可以实现彻底的自工序完结呢？他决定再次来到现场，进行现地现物的观察，并倾听现场的声音。

果然，甲开始向他抱怨。十字梁的拧紧，只是他们十几项作业要素中的三项（预紧①、拧紧②、拧紧①），他可以保证自己按照这种方法来做，但是并不能够真正解决问题，因为他无法保证对每一辆车他和乙的节奏都是一致的，无法保证在他拧紧①之前乙可以完成部位④的拧紧。即使他和乙都遵守标准作业，也不能保证不良完全不再发。

小朱惊得出了一身冷汗。他仔细地观察两个人的作业，确实是如甲所说，虽然甲和乙尽力保持同步，但还是经常出现在装配十字梁时甲停下来等待乙或者乙等待甲的情况。于是，小朱将两个人的作业指示票拿了出来，将两个人的作业要素按时间进行了罗列，见表 6-3 甲和乙的作业组合票（理想状态）。

甲和乙预紧第一颗螺栓的作业，是处于工作的第九项内容，在 49s 的作业节拍内，这一项作业处于第 29s 处。也就是说，要想让乙的部位④拧紧处于甲的①预紧①拧紧之间的话，就必须要保证两个人前面的八项作业完全同步才能实现。

表 6-3 甲和乙的作业组合票（理想状态）

作业者	作业要素														
左侧（甲）	指示票	左前锁扣放置	左前锁扣拧紧	左后锁扣放置	左后锁扣拧紧	左十字梁拿取	左十字梁放置	取出十字梁螺栓	①预紧	②拧紧	①拧紧	十字梁中间拧紧	左后盖板取出	左后盖板安装	十字梁记号
时间/s	2	2	7	2	7	2	3	2	2	2	2	4	2	6	4
右侧（乙）	指示票	右前锁扣放置	右前锁扣拧紧	右后锁扣放置	右后锁扣拧紧	右十字梁拿取	右十字梁放置	取出十字梁螺栓	③预紧	④拧紧	③拧紧	右后盖板取出	右后盖板安装	十字梁记号	
时间/s	2	2	7	2	7	2	3	2	2	2	2	2	6	4	

但是上述的情况属于完全理想的状况，实际情况是虽然强调标准作业，但是要把每个作业要素完全精确到秒，在实际工作中几乎是不可能的。假如甲的作业速度要快于乙，则会出现下面这种情况：

- 首先作为左十字梁来说，即使甲和乙完全遵守标准作业，即按照先预紧，后拧紧的作业标准来执行，也会出现甲先拧紧①之后，乙才开始去打部位④的

情况。

- 对于右十字梁来说，也会出现甲先拧紧②，乙才预紧③，这时，即使去预紧，也很大程度上失去了原来的意义了。

小朱在通过表 6-4 将甲乙两人的作业顺序进行可视化之后突然明白了，对两人的作业顺序编排的不合理，即作业标准不合理，才是导致本次不良的真正原因。

表 6-4　甲乙两人的作业顺序进行可视化

作业者	作业要素														
左侧（甲）	指示票	左前锁扣放置	左前锁扣拧紧	左后锁扣放置	左后锁扣拧紧	左十字梁拿取	左十字梁放置	取出十字梁螺栓	①预紧	②拧紧	①拧紧	十字梁中间拧紧	左后盖板取出	左后盖板安装	十字梁记号
右侧（乙）	指示票	右前锁扣放置	右前锁扣拧紧	右后锁扣放置	右后锁扣拧紧	右十字梁拿取	右十字梁放置	取出十字梁螺栓	③预紧	④拧紧	③拧紧	右后盖板取出	右后盖板安装	十字梁记号	

考虑到甲和乙的作业中，只有十字梁是两人协同作业的，其他的作业都是无相关性的单独作业要素，为了消除两个人的互相影响，小朱再次和现场组长商量了对策。将十字梁的安装相关作业尽可能向前调整，修正后的甲和乙的作业组合票见表 6-5。这样两人的作业时间差造成的影响，被进一步缩小。

表 6-5　修正后的甲和乙的作业组合票

作业者	作业要素														
左侧（甲）	指示票	左十字梁拿取	左十字梁放置	取出十字梁螺栓	①预紧	②拧紧	①拧紧	十字梁中间拧紧	左前锁扣放置	左前锁扣拧紧	左后锁扣放置	左后锁扣拧紧	左后盖板取出	左后盖板安装	十字梁记号
时间/s	2	2	3	2	2	2	2	4	2	7	2	7	2	6	4
右侧（乙）	指示票	右十字梁拿取	右十字梁放置	取出十字梁螺栓	③预紧	④拧紧	③拧紧		右前锁扣放置	右前锁扣拧紧	右后锁扣放置	右后锁扣拧紧	右后盖板取出	右后盖板安装	十字梁记号
时间/s	2	2	3	2	2	2	2		2	7	2	7	2	6	4

两名作业者确认了一下调整后的作业顺序，他们实际的第一道作业就是围绕后十字梁开始的，从拿取到放置，然后到预紧、拧紧螺栓。由于前面没有别的影响因素，他们表示，这种作业顺序下，两个人的配合会变得容易，他们愿

意按照新的作业标准来执行。

在安排完两名作业者的作业顺序标准之后，小朱这一次沉稳了很多。他并没有着急离来，而是在生产线侧继续观察了半个小时，再次确认甲和乙两人的作业是否符合标准，确认两个人的协同作业配合是否默契，确认每两台车作业衔接阶段是否流畅。在完全确认两个人的作业可以保证之后，小朱转身来到了现场组长的休息区。

小朱对组长说道："因为本次发生的不良是市场案件，希望可以采用更主动的手段来确认效果，不能够单纯地等待市场的反馈了。"组长想了想说道："这样吧小朱，我在安装座椅靠背之前的工位上，加一道抽检力矩的工位吧。每天上午和下午的开班后、下班前及生产中间各测定一次，这样一天就有 6 次测定。然后我们按照 QC 七大工具之一的控制图进行统计，每次汇总完发给你吧。"小朱说："好的，感谢！请将咱们白班确定的事项，务必准确地交接给夜班，让他们也按照改善后的作业标准来执行并进行力矩检查。"组长表示没有问题，说他还要安排一下检查人员，从明天开始实施。

果然，到了第三天，小朱就收到了线上组长发送给他的两个班的力矩测定结果，如图 6-14 所示。他仔细地看了一下白班和夜班对①、②、③、④的抽测结果。其中有白班针对①、②点的力矩各有一处异常。在下午开班后 13：20 左右的力矩虽然还在规格范围内，但是出现了明显的下降。但是同时刻的部位③、④却没有明显波动，而夜班在相同时刻，即大约 1：50 左右的数据也无异常。考虑到 15：00 之后的数据又恢复到正常水平，小朱推测应该是拧紧螺栓的电枪电量可能出现过异常。

于是小朱再次来到了生产现场，他调出了两个班四名作业者更换电枪电池的记录，奇怪的事情出现了。他发现白班的甲和乙同时在下午 1：30 左右更换过一次电池。夜班丁也是在差不多 2：00 左右实施的电池更换，但丙却分别在 23：30 和 3：00 两次更换电池。

为什么甲和乙同时更换电池，只有甲的电枪出现电量不足？为什么夜班的丙会在夜班比同时作业的丁多更换一次电池？小朱把目光投向了两人的作业顺

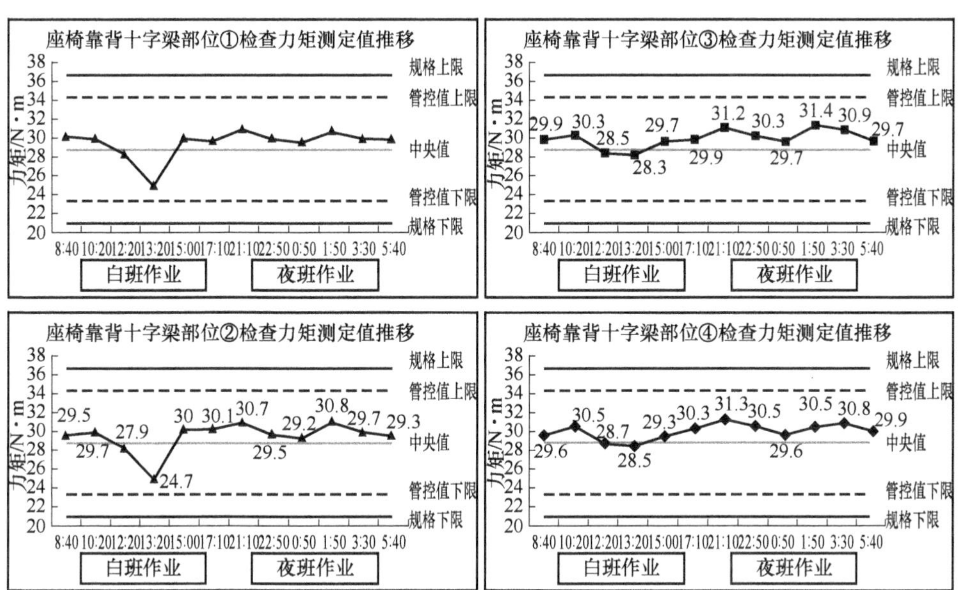

图 6-14　力矩测定结果

序书，果然找到了问题的关键。在一个作业循环中甲（丙）共需要拧紧六处位置，而乙（丁）侧只需要拧紧五处螺栓。所以即使四个人使用相同型号的电枪，电量的消耗却是不一样的。而夜班的丙，肯定是对于电枪的使用比较有经验，所以才会主动地提前更换电枪。

小朱结合力矩测定结果和两个人的作业顺序书（见表 6-6）向生产线上的组长进行了反馈，要求他向夜班确认一下丙提前更换电枪的理由，是否与他推测的一致。同时，要求白班的甲也临时改成两次更换电池。

表 6-6　两个人的作业顺序书

作业者	作业要素														
左侧（甲）	指示票	左十字梁拿取	左十字梁放置	取出十字梁螺栓	①预紧	②拧紧	①拧紧	十字梁中间拧紧	左前锁扣放置	左前锁扣拧紧	左后锁扣放置	左后锁扣拧紧	左后盖板取出	左后盖板安装	十字梁记号
时间/s	2	2	3	2	2	2	2	4	2	7	2	7	2	6	4
右侧（乙）	指示票	右十字梁拿取	右十字梁放置	取出十字梁螺栓	③预紧	④拧紧	③拧紧		右前锁扣放置	右前锁扣拧紧	右后锁扣放置	右后锁扣拧紧	右后盖板取出	右后盖板安装	十字梁记号
时间/s	2	2	3	2	2	2	2		2	7	2	7	2	6	4

第二天一早，收到了夜班的答复，小朱的推测是正确的。同时，从夜班的电池更换记录来看，夜班的丙还是进行了两次的电池更换。而两个班的力矩抽测值，这一次没有再出现异常。

于是结合这一次的调查和对策效果确认，小朱要求生产线对螺栓的拧紧设备的使用条件，即生技要件进行更改。要求作业者在电枪的电量显示剩余两格（共四格）时，就要更换新电池，同时换下的电池要立即进行充电。

现场组长和甲都表示马上会修正标准，并会交接给夜班。

到这时的小朱更加稳重了，他请现场组长继续进行力矩的抽检，因为毕竟每个部位每个点只有 6 次测定，相对于一天几百台的产量，样本容量太小，无法代表整体的实力。现场组长这时候，已经很佩服这名认真的技术员了，连忙表示一定会继续抽检的。小朱同时要求，如果再发现有力矩异常数值的车辆时，尽量把车给他保留下来，组长也是满口答应。

后来的连续四五天都没有异常，就在小朱认为这个案件差不多该关闭时，他接到现场的联络，发现一台车的数据有异常。小朱连忙再次赶到现场。

车辆已经下线了，保留在问题解析场（专门用于确认或分析车辆故障原因的场所），组长让人把力矩的测定数据拿了过来，记录显示第①点的位置，力矩只有 23.4N · m，已经接近管理值下限了。小朱确认这一台车的检查时间为上午 10∶20，而乙的电枪的电量到现在还是显示满格，没有任何电量不足的情况。其他的几个部位的数据则没有异常。

小朱将座椅靠背拆下后，找到一名检查员，和线上组长一起开车来到了颠簸路上，和上次一样，在跑了三圈之后，③点的螺栓开始出现松动了，再跑了两圈，果然完全松脱，十字梁在颠簸时也发出了振动异响。小朱冷静地拆下了③点的螺栓，对着阳光仔细观察了一下，发现螺纹有明显的异扣，应该是拧紧时不垂直造成的。

现场组长却有些沉不住气了："我们已经严格按照顺序拧紧了，为什么还会出现拧紧不垂直的现象呢？这个责任我们可不负。"

小朱表示理解，他这几天一直和现场的这几位待在一起，对他们也非常了解了，知道由于本次市场反馈给他们带来了巨大压力，作业者也是绷着弦在工作。虽然从现象来看，是作业失误，但是不能简单地将责任归于他们，否则今后这个不良还是会时不时地跳出来的。小朱忙安慰组长："从数据来看，已经连续四五天都没有发生过力矩低的问题了，我们的工作已经取得了很好的成果，兄弟们的努力我也完全看在眼里，放心吧，我会和领导解释的。不过咱们还是一起去生产线上再观察一下哪里还有漏洞吧。"现场组长连忙表示没有问题，一定配合调查。

小朱和组长来到生产线，发现作业员乙也非常紧张。组长这时却显得非常沉稳，他和乙说："你已经完全遵守标准来作业了，即使有问题也不用你担责任，不用有压力。咱们和小朱再一起分析分析原因吧。"

乙说道："我就是感觉上面的这个螺栓由于位置比较高，有的时候虽然尽力对准了拧紧，但是还是感觉有些别扭。"说着拿起枪套上螺栓对准部位③又拧了下去。小朱观察乙的动作，思考了一下后，告诉组长和乙，他回趟办公室查一下图样，让他们正常作业就可以了，不要想太多。

小朱打开图样，看了一下部位③处的断面图，图样状态如图 6-15 所示。

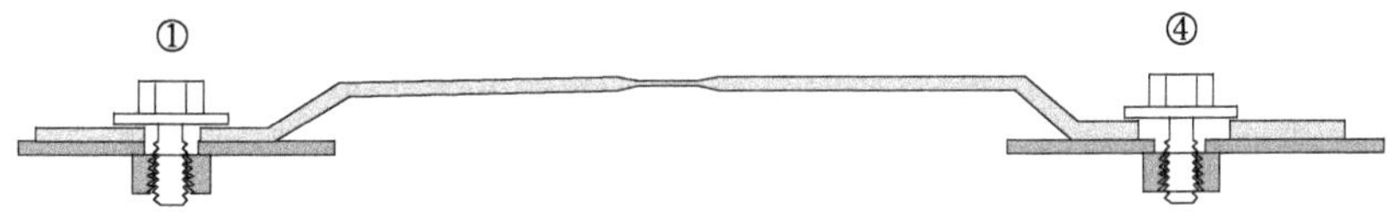

图 6-15　图样状态

小朱思考着现场作业的顺序，先将①处预紧，然后拧紧④处后，再将①拧紧。他按照作业顺序画出了如图 6-16 的示意图。

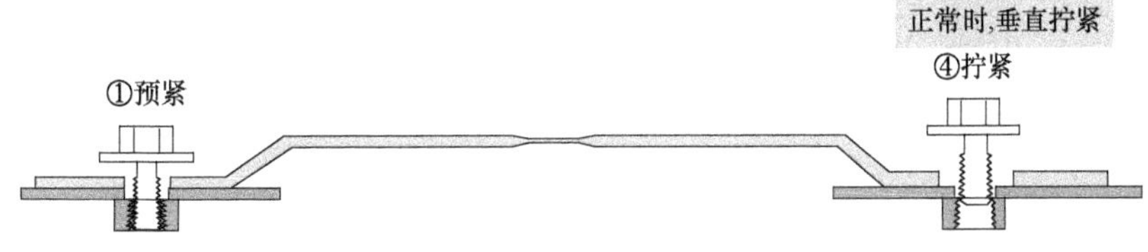

图 6-16　正常状态

然后小朱紧紧地盯着④处，想象着刚刚迎着阳光看到的那损坏的螺纹，突然脑子里面灵光一闪，出现了一幅异常发生的画面，他赶紧画了下来（见图 6-17）。

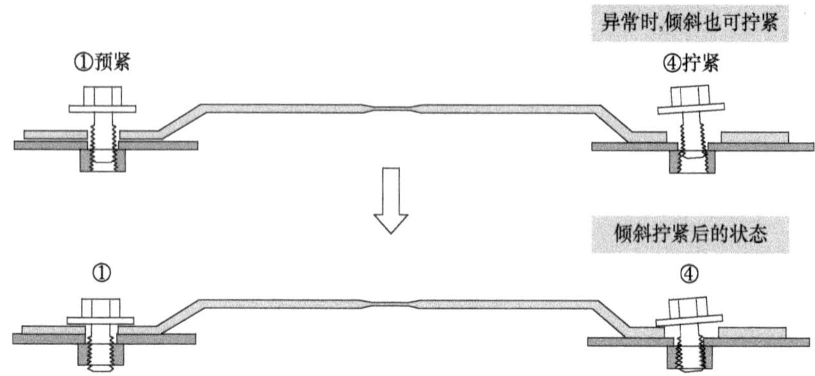

图 6-17　异常状态

小朱一把抓起画好的示意图，冲到了保留区的那一台车，对着四个位置都倾斜着打了下去，果然虽然稍有阻滞，但是四个部位螺栓都可以打进去。

小朱抄起了设计小赵的电话，在简要说明情况之后，要求他尽快赶过来。由于最近市场不良多发，设计小赵也不敢怠慢，很快就驾车过来了。

这一次小朱喊来了现场组长，一起对着实车，拿着力矩的测定数据，将前后的调查对策结果及对于设计构造的疑问详细地和小赵进行了说明，并向小赵提出了更改方案。小赵仔细确认了拧紧构造后，表示同意小朱的分析，会尽快变更设计。

两天后，小朱拿到了变更后的构造，如图 6-18 所示。

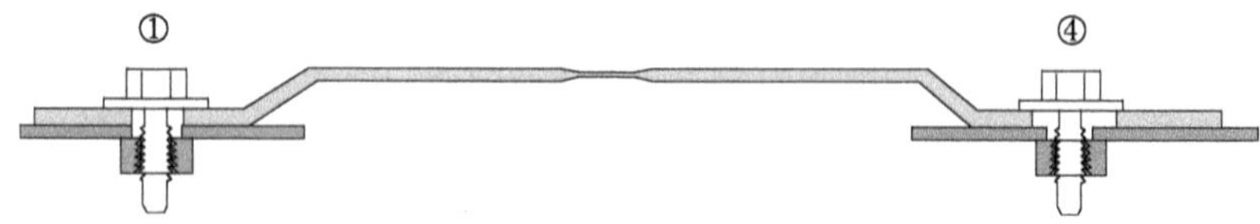

图 6-18　变更后的构造

按照小朱的建议，小赵将螺栓的构造进行了变更，由于螺栓的前端有了导向，在作业员拧紧前，螺栓已经基本靠外形与螺母内壁紧贴，作业员通过手感就可以判断是否垂直了，如图 6-19 所示。

在变更螺栓后，小朱再次来到生产线上，与作业者和组长进行了面对面的沟通。此时，生产线工人已经完全信服这位年轻的技术员了。他们表示，有了

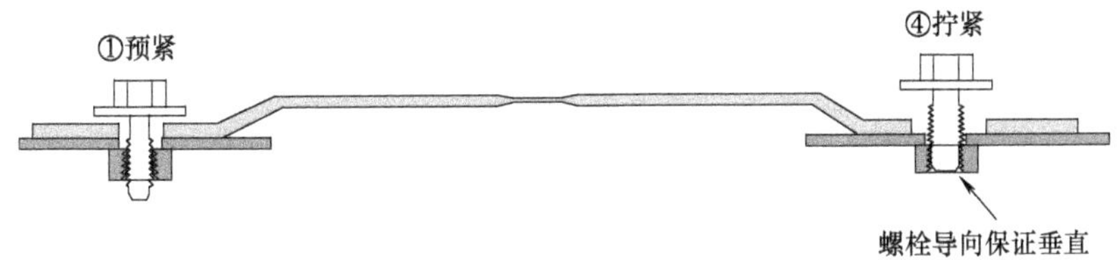

图 6-19　带有导向的螺栓

这种构造的螺栓，他们完全有信心保证拧紧力矩了。

小朱听到这句话，也不由自主地笑了起来："让作业者可以自信地判定自己作业是否符合标准，就是自工序完结的初心，得到你们的认可，我非常高兴。不过咱们还是保持冷静，再观察一段时间的力矩抽检结果吧。"

这一次，小朱和小赵制定的对策，属于自工序完结里的设计要件，是对产品构造进行的变更。

转眼到了小朱当初设定的目标时间 2016 年 4 月 6 日，在对作业标准、作业流程、电枪的电池更换条件和螺栓的构造进行了变更之后。从力矩抽检数据来看，已经完全没有力矩下降的情况发生了。三项对策之后，市场上也没有新增的不良反馈。

小朱将这一段时间的工作系统地向领导进行了报告，总结如下：

1）问题真因（见图 6-20）。

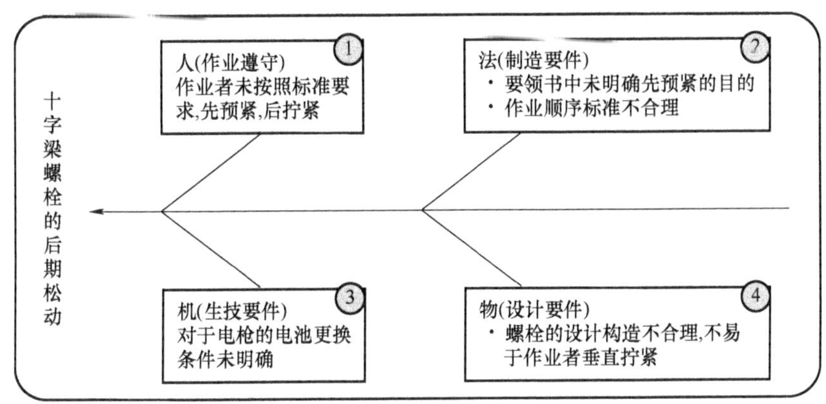

图 6-20　问题真因

2）对策（见表 6-7）。

表 6-7 对策

真因	对策	责任人	期限
①	对作业者进行教育，明确指示两名作业者拧紧时，要先预紧，后拧紧	组长、作业者	2016 年 3 月 24 日
②-1	在要领书中明确先预紧后拧紧的理由和目的	组长	2016 年 3 月 25 日
②-2	重新编排作业顺序，使作业者先实施十字梁拧紧作业	组长	2016 年 3 月 27 日
③	明确电枪电池更换条件（仅剩两格指示灯时，要更换电池）	组长、作业者	2016 年 3 月 29 日
④	设计变更，采用端部有导向构造的螺栓	设计小赵	2016 年 3 月 31 日

3）效果确认（见图 6-21）。

工序内检查数据

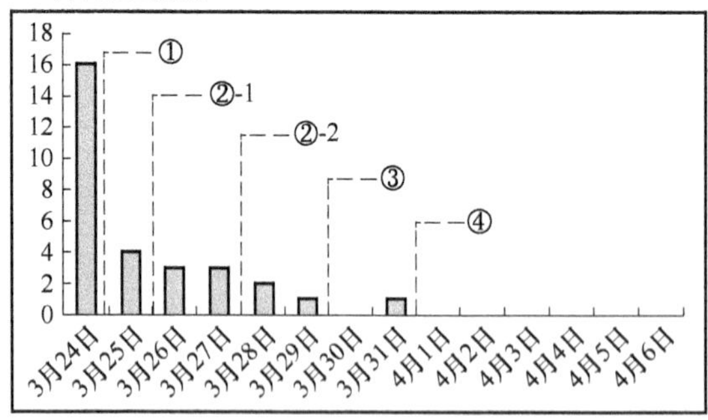

市场反馈数据

自3月31日对策之后，无市场不良反馈。
但是由于市场反馈有滞后性，需观察三个月。

图 6-21 效果确认

质量部部长在听完小朱的总结报告之后，对小朱的解析思路、工作热情、行动速度，以及总结报告的清晰性进行了表扬和肯定，也对小朱在这次问题解决的过程中越来越沉稳冷静的表现表示赞赏，最后要求小朱不要止步于此，更要进一步地完成这一项工作成果的标准化和横向展开。

之后，小朱对总装车间涉及的同步作业内容（如仪表板的搭载工序）进行了排查，对两人的协同作业顺序进行了改善。对电枪电量的使用，统一要求在剩余两格时必须更换，以总装车间统一执行标准的形式进行了留存。

至此，本章以一个案例的形式，将量产期间如何完善自工序完结的三大要件进行了说明。为了让读者更容易理解，案例中的数据和内容经过了编辑，请读者在阅读本章时，在领会精神和自工序完结的内涵的同时，能够了解完善自工序完结的步骤。

第7章 自工序完结的审核评价体系

7.1 检查与自工序完结的关系——不要把手段当作目的

本书对比了通过检查保证品质和通过自工序完结保证品质的不同，然后在此基础上花费了大量的篇幅来介绍如何实现自工序完结。但是，企业还必须要充分认识到一点，自工序完结是一种手段而不是最终的目的。

通过在工序内打造品质，可以降低品质发生不良的风险，也可以相应地降低质量成本，但是这并不意味着实现自工序完结是企业追求的最终目的。众所周知，汽车的生产过程是一个非常复杂的庞大工程，而且限于企业实际的技术能力、人员素质、流出风险、成本压力等诸多因素，在实际的生产工作中，还是必须将自工序完结的工作方法和检查的工作方法有机地结合起来，才能真正实现持续地为顾客提供物美价廉的汽车这一真正目的。所以自工序完结不等于否定检查，检查的目的也是为了不检查，基于这么一个自工序完结和检查的关系，丰田在汽车制造的全流程，现阶段实施了以下两类检查项目。

第一类：法律法规要求的关键重要项目必须二次或多次检查保证，就像医院给患者的药品都要人工二次复核和检查一样，汽车的法律法规项目也是如此，为了便于理解，列举一个实例向大家说明，详见 7. 1. 1 节。

第二类：良品条件复杂的工序，如果全部采用自工序完结的话，成本会大幅度上升，同时效率会下降，应综合考虑采取自工序完结+检查保证（见图 7-1）的方法来达到为客户提供物美价廉的汽车的目的，为了便于理解，列举一个实例向大家说明，详见 7. 1. 2 节。

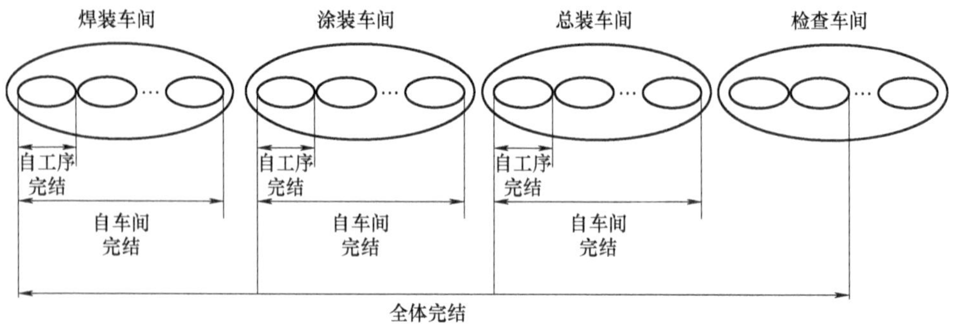

图 7-1 自工序完结+检查保证

7. 1. 1 案例：车架号的打刻品质，自工序保证+车间内检查+完成车检查

车身的车架号相当于一辆车的身份证号，从整车生产到顾客购买上牌照，中间验车，以及后期的二次售卖，都需要以车架号为身份依据。车架号一般是一串 17 位的字母与数字的组合，它会被打刻或粘贴在车身上的很多位置，比如驾驶席前风窗玻璃左下角、副驾驶席座椅下的车体上、发动机舱内，以及四个车门开口处的防盗标签上等，如图 7-2 所示。

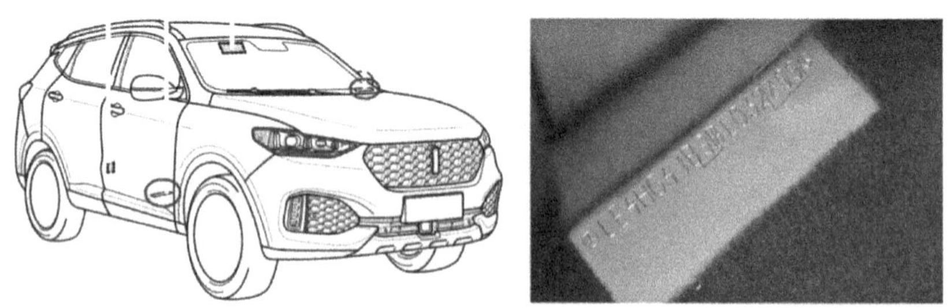

图 7-2 车架号位置和式样

车架号标识最重要、品质要求最高的是副驾驶座椅下面的那一处，顾客购买汽车在车辆管理所上牌照时需要从这里用纸拓号。所以其 17 位字母数字组合顺序必须完全正确，打刻深度、高度、宽度、字间距、角度都有明确的要求，

最重要的字符区域不能有影响拓号的磕碰划伤。这些品质要求属于国家法规的范畴，没有丝毫不满足的余地。

所以该处车架号标识从装焊车间的打刻品质、白车身的误品检查、总装车间的防划伤护具，一直到完成车的外观进行一致性确认，需要多道保护和检查，如图 7-3 所示。

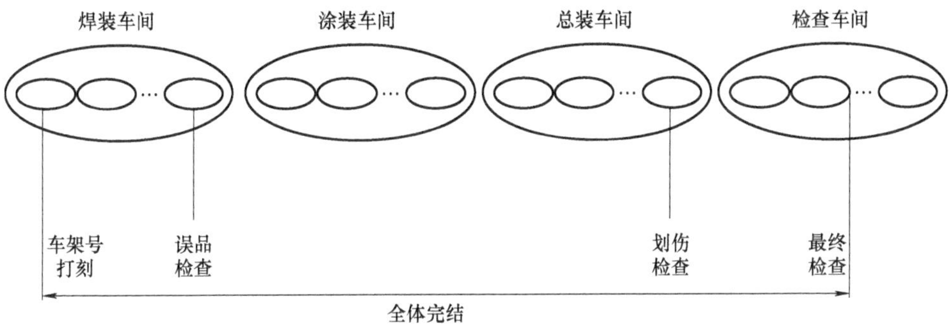

图 7-3　多道保护和检查

7.1.2　案例：焊接品质确认，设备条件+工序内抽检（完成车无法检查）

车身上钣金零件大部分是采用焊接的形式结合在一起的，一辆普通的轿车大约有 5000 个焊点，这些焊点的品质对于车辆的安全起到重要的作用，如果发生开焊不良的话，就会影响顾客的生命安全。

1. 焊接品质的几个特点

1）良品条件复杂，采取发生防止的保证方法非常困难。影响焊接强度的因素非常多，被焊接的铁板的相对厚度、间隙、打点角度、电流强度、电极头的磨损程度、打点位置等诸多因素都会影响最终的焊接强度，很难有一套适用于所有焊点的良品条件。所以企业应极力追求在工序内保证其品质，但是实际上也存在发生不良的风险。

2）完成车不具备检查条件。由于焊点几乎完全被内外饰零件遮挡，在完成车上不可见，所以检查只能放在焊装车间来实施。

3）焊点数量多，无法全数检查，只能进行抽检。所以如何在抽检的基础上保证流出焊装车间的不良为零，就成为最重要的课题。

4）越早发现焊接品质的问题，不良流出风险越低，后期处置越简单。

所以，基于上述特点，焊装车间设置了品质门，即品质关口。

2. 焊装检查的品质门要符合的几个规则

1）品质门要尽可能设置在离焊接工位近的工序上，当然考虑到效率问题，一般是以分总成为单位，进行集中检查。

2）由于无法全检，就需要将所有的焊点进行循环抽检，抽检的频度要以不良不流出焊装车间为前提。

3）实际操作中的品质门一般有两种检查方法。

① 以固定的频度，通过錾子和锤子对焊点进行非破坏性的检查（见图 7-4、图 7-5）来确认焊点的强度，以在早期发现不良和防止流出。

② 以相对更宽松的固定频度或者焊接条件对焊接设备进行调整之后，通过破坏性的切断检查（见图 7-4），确认熔核的深度和尺寸来确定良品条件的适当性和焊接品质。

		项目	检查方法	目的	频度
	点焊	强度	錾子+锤子敲击检查 (非破坏性检查)	早期发现焊接不良,防止大批量流出不良	≥工序深度
		焊接品质	切断检查,检查焊接深度、熔核直径(破坏性检查)	·确认焊接条件的适当性 ·焊接设备变更时确认焊接条件	初品及变更时

图 7-4　非破坏性和破坏性检查

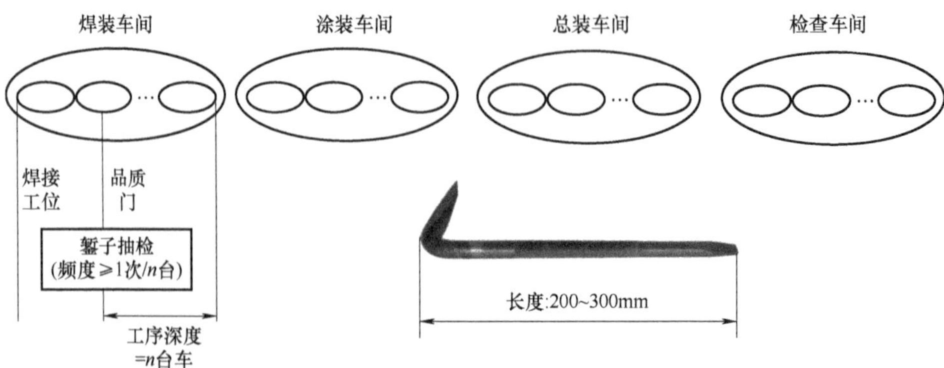

图 7-5　非破坏性的检查范围及工具

3. 品质关口

根据检查工位所处的工序位置，检查可以分为完成车最终检查和制造车间工序内检查，其中制造车间工序内检查的工序，叫作品质门（品质关口）（见图 7-6）。

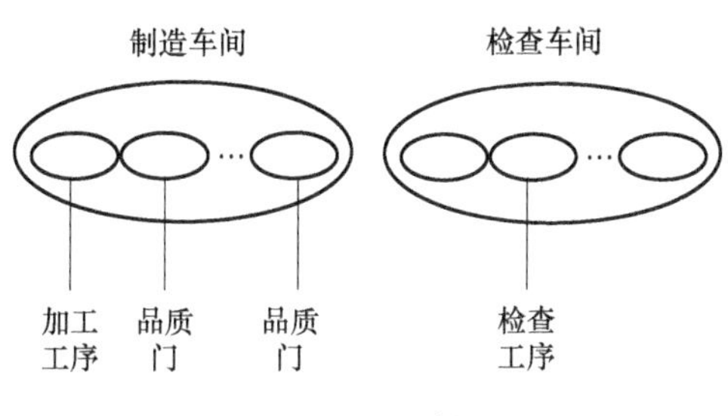

图 7-6　品质门

根据检查方法可以分为破坏性检查和非破坏性检查。根据检查的频度可以分为全数检查和抽取检查（见表 7-1）。在实施检查的过程中，需要根据实际情况进行组合。

表 7-1　全数检查和抽取检查

项目	检查特点	完成车		工序内（品质门）		
		全检	抽检	全检	抽检	破坏性检查
车架号错误，打刻不清楚	法规项目，如果出现错误，会导致顾客无法上牌照	○		○		
制动性能	顾客安全相关，工序内无法确认	○				
四轮定位	车辆行驶性能相关，工序内无法确认	○				
涂装打胶品质，重要扭紧位置胶附着会导致力矩下降	完成车无法全检		○ 力矩	○	○ 力矩	
碰撞安全相关补强零件漏装	漏装会导致碰撞性能下降			○		
点焊强度，用錾子敲击检查	完成车无法全检					
焊接品质，深度、宽度、砂眼等	需要破坏性检查，无法线上检查					○
保险杠底涂漏装	需要破坏性检查，无法线上检查					○

注：○表示该项目适用的检查方式。

综上所述，即使是在强调自工序完结的丰田内部，也不会完全将质量交给工序，而是非常务实地根据品质项目的重要性以及保证程度来进行综合地判断。

7.2 检查项目的确定——QA 网络

在 7.1 节中，本书介绍了自工序保证和检查保证之间的关系。这样读者可能又会出现一个疑问：一个作业项目是需要检查来保证还是自工序完结保证，是否有一个判断标准呢？在这里涉及项目的品质保证度的评价问题，在丰田质量体系中有一个专有的评价工具叫作 QA 网络。

QA 网络即 Quality Assurance Network，翻译成中文叫作品质保证网络。其基本思想起源于 1989 年，经过大约十年的发展，其理论体系在工作现场实际运行过程中逐渐成熟，发展历程参照表 7-2。

表 7-2 QA 网络发展历程

经历的时期	时间	内容
摸索期	1989 年	QA 网络思想及事例的介绍
	1990—1992 年	展开重要安全特性项目的 QA 网络
扩张期	1993 年	完成统一版本的诊断表
	1994—1995 年	展开所有重要性能项目的 QA 网络
成长期	1996—1998 年	开展 QA 网络成效提高活动
	1998 年后	开展销售用选装商品的 QA 网络

QA 网络评价的对象是具体部位的作业要素，针对该要素的品质特性，根据其重要度，设定了品质的目标保证度，进行保证度评价（见表 7-3），然后从发生防止和流出防止两个维度综合评价其实际品质保证度。如果实际保证度不低于目标要求，则可以判定其合格，反之则不合格，就需要进行改善。

在表 7-3 中作业要素 M-1 的目标保证度是 A 级，而其实际保证度也达到了 A 级要求，所以是合格的。作业要素 M-2 则由于实际保证度只有 D 级，无法满足 B 级目标的要求，所以判定为不合格。

表 7-3 保证度评价

<table>
<tr><th rowspan="2">部位</th><th rowspan="2">作业要素</th><th rowspan="2">品质特性</th><th rowspan="2">重要度</th><th rowspan="2">评价维度</th><th colspan="5">工序</th><th rowspan="2">目标</th><th rowspan="2">综合评价</th><th rowspan="2">要否改善</th><th rowspan="2">改善方案</th></tr>
<tr><th>10</th><th>20</th><th>30</th><th>40</th><th>50</th></tr>
<tr><td rowspan="2">M</td><td rowspan="2">M-1</td><td rowspan="2">拧紧力矩</td><td rowspan="2">∇S</td><td>发生</td><td>②</td><td></td><td></td><td></td><td></td><td rowspan="2">A</td><td rowspan="2">A</td><td rowspan="2">否</td><td rowspan="2">—</td></tr>
<tr><td>流出</td><td>①</td><td></td><td></td><td></td><td></td></tr>
<tr><td rowspan="2">M</td><td rowspan="2">M-2</td><td rowspan="2">漏装品</td><td rowspan="2">一般</td><td>发生</td><td></td><td>③</td><td></td><td></td><td></td><td rowspan="2">B</td><td rowspan="2">D</td><td rowspan="2">要</td><td rowspan="2">追加检查</td></tr>
<tr><td>流出</td><td></td><td></td><td></td><td></td><td>④</td></tr>
</table>

QA 网络既是将各工序作业品质保证度进行可视化管理的一种工具，又是针对保证度不足的项目进行改善的管理手段。

QA 网络不是评价生产线上所生产的产品是良品还是不良品，而是对生产产品的工序进行诊断，是诊断工序是否是不制造、不流出不良品的工序。

QA 网络的整备过程如下。

1. 评价项目的选取

一辆汽车装配的零件达到三四千个，每一个零件的装配又涉及多个作业工序和作业要素。所以实际工作中不可能对所有工序的所有作业要素都进行评价，评价项目的选取一般有下面三个基准：

1）图样指示的重要项目。

2）过往量产或生准期间发生过重要不良的项目。

3）根据 FMEA 评价，如果发生不良会造成重大影响的项目。

根据上述三个基准，从每道工序的作业要素中选取出需要评价的项目。

2. 根据重要度确定目标保证度

在丰田体系下，一般将重要度分为以下三个层别：

1）重要特性。

- ∇S＝图样指示的涉及车辆安全性能的项目。
- ∇R＝图样指示的涉及法规相关的项目。
- ∇E＝图样指示的涉及发动机过载相关的项目。
- 其他涉及重要的行驶、转向、制动相关性能的项目。

2）性能特性。对产品使用性能或寿命有影响，可能造成零部件受损的情况。

3）一般项目。异常声响、外观等影响商品性能的一般特性。

针对此三个层次重要度的项目，其目标保证度分别为A、B、C级。重要特性的目标保证度为A级，性能特性的目标保证度为B级，一般项目的目标保证度为C级。

3. 分别评价发生防止和流出防止的保证等级

根据作业性质、作业工具、标准化程度等，将作业工序的发生防止度和流出防止度等级各分为四个级别。根据各等级的定义，分别评价作业要素的发生防止和流出防止的保证等级。

1）发生防止度的基本考虑方法见表7-4。

表7-4 发生防止度的基本考虑方法

等级	基准	说明
1级	防错装置设置充分，能完全防止发生不良	通过机器及设备上设置发生不良的急停装置，能切实检测到其装置的误动作等的异常
2级	发生防止保证度完备，在平时的作业中不发生不良	掌握良品和不良品判定基准的人通过工具检查进行保证，对影响品质不良的4M标准化（包括异常处置），在作业周期内能够保证遵守
3级	发生防止保证度称不上完备，存在发生不良的可能性	虽通过人的作业进行保证，标准及其遵守的事项中依靠直觉及技巧的要素相对较少，机械装置精度上的问题造成发生不良时的急停装置虽称不上完备，但过程能力还算完备
4级	几乎不能期待	没被标准化，或标准无法遵守 因机械装置精度等问题造成发生不良的可能性很大 对直觉及技巧方面的依赖程度较大

2）流出防止度的基本考虑方法见表7-5。

表7-5 流出防止度的基本考虑方法

等级	基准	说明
1级	防错装置设置充分，能完全防止发生不良	通过机器及设备阻止不良流出，而且也能切实检测到其装置的误动作等的异常 100%检测不良并报警，使设备停止
2级	发生防止保证度完备，在平时的作业中不发生不良	掌握良品和不良品判定基准的人通过工具检查进行保证，对影响品质不良的4M标准化（包括异常处置），在作业周期内能够保证遵守 通过检具在加工工序内切实发现不良批次的检查频度

（续）

等级	基准	说明
3 级	发生防止保证度称不上完备，存在发生不良的可能性	虽通过人的作业进行保证，标准及其遵守的事项中依靠直觉及技巧的要素相对较少，机械装置精度上的问题造成发生不良时的急停装置虽称不上完备，但过程能力还算完备 容易检出的内容由作业者确认
4 级	几乎不能期待	没被标准化，或标准无法遵守 因机械装置精度等问题造成发生不良的可能性很大 依靠直觉及技巧的要素大 目视检查容易漏检的内容

4. 根据等级矩阵表评价实际质量保证度

表 7-6 是将发生防止等级和流出防止等级进行各种组合时的保证度矩阵表，将作业要素的发生防止等级和流出防止等级代入到该矩阵图中评价出其实际质量保证度。

表 7-6　保证度矩阵表

区分		流出防止等级			
		1 级	2 级	3 级	4 级
发生防止等级	1 级	A	A	A	A
	2 级	A	B	C	D
	3 级	A	C	D	E
	4 级	A	D	E	F

5. 评价保证度是否合格

对比作业要素的实际保证度与目标保证度，如果实际保证度不低于目标保证度，则可以判定其结果合格，反之则要判定其结果为不合格。

对于不合格的项目，要实施改善及对策。除了从防止发生的角度提高其等级以外，追加后工序的检查也是一个手段。

【案例】 汽车的制动系统是其最重要的主动安全系统，如图 7-7 所示，其作用是当驾驶员需要制动时，通过踩踏制动踏板，将制动信号通过制动泵、制动油管路传递到前后轮的盘式制动器和鼓式制动器上，实现制动的意图。

制动系统是一套非常庞大而精密的系统，中间涉及很多零件的安装和匹配，如果任何一个环节出现差错，都会造成不可挽回的损失，甚至会影响到人的生命安全。

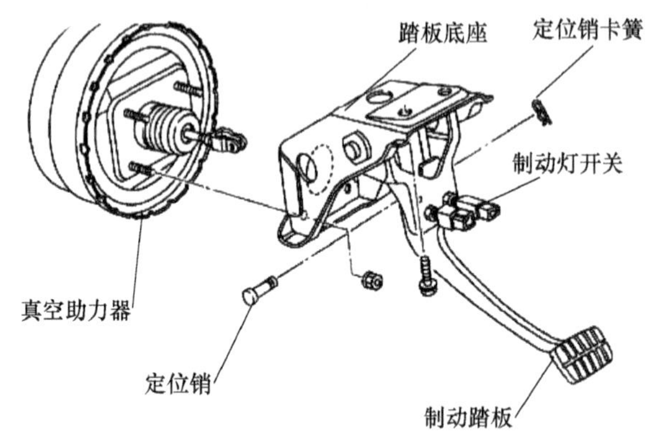

图 7-7 制动系统

下面以制动系统内大家最常见的制动踏板的安装为例，来介绍一下 QA 网络的实际应用。表 7-7 中展示的是制动踏板的安装工序中作业者的作业要素，一共有十三项作业要素，主要内容包括将制动踏板支架安装到前围板的制动泵上，将加速踏板与主线束的插头结合，将制动灯与制动踏板的插头结合，以及将制动踏板与支架拧紧等。十三个作业要素是这一工序的作业者的所有作业内容，那么他的作业自工序完结度或者是质量保证度该如何评价呢？这里用到的理论体系正是 QA 网络。

表 7-7 制动踏板的安装工序作业者的作业要素

序号	作业要素
1	制动踏板支架与制动泵预置
2	制动踏板支架与制动泵拧紧
3	制动踏板与前围板拧紧
4	加速踏板与主线束插头结合
5	定位销插入制动踏板
6	回形弹簧挂上制动踏板
7	螺母垫片嵌入制动踏板上侧

（续）

序号	作业要素
8	制动灯调节器嵌入制动踏板支架
9	取出制动灯开关
10	将制动灯开关插入到制动灯调节器
11	发动机主线束固定到踏板支架上
12	发动机主线束插头与制动灯开关结合
13	制动踏板与制动踏板支架拧紧

（1）评价项目的选取　按照图样或技术指示书等上位文件的指示，可以确定第 2 项和第 13 项的作业要素，即“制动踏板与制动泵拧紧”和“制动踏板与制动踏板支架拧紧”是图样指示的∇S 项目，即重要的安全项目，必须要进行品质保证度的评价。

另外，过往的车型中出现过加速踏板与主线束插头结合半嵌合而导致功能丧失的问题，所以第 4 项也需要作为重要性能项目，也要进行品质保证度的评价。

可以明确，在制动踏板安装工序以上三个项目要进行评价。

（2）根据重要度确定目标保证度　在选取完需要评价的项目之后，要针对每个项目按照其重要度分别设定其目标保证度。按照表 7-8 的对照表，可以确认第 2、4、13 项这三个项目需要的目标保证度分别为 A 级、B 级、A 级。

表 7-8　重要度和目标保证度对照表

序号	作业要素	重要度	目标保证度
1	制动踏板支架与制动泵预置		
2	制动踏板支架与制动泵拧紧	S	A
3	制动踏板与前围板拧紧		
4	加速踏板与主线束插头结合	过往不良	B
5	定位销插入制动踏板		
6	回形弹簧挂上制动踏板		
7	螺母垫片嵌入制动踏板上侧		
8	制动灯调节器嵌入制动踏板支架		

（续）

序号	作业要素	重要度	目标保证度
9	取出制动灯开关		
10	将制动灯开关插入到制动灯调节器		
11	发动机主线束固定到踏板支架上		
12	发动机主线束插头与制动灯开关结合		
13	制动踏板与制动踏板支架拧紧	S	A

（3）分别评价发生防止和流出防止的保证等级　发生防止和流出防止的保证度从高到低都分成了四个等级，判断基准也有较详细的说明，但是读者在真正应用的时候，可能还是会感觉模糊，而且针对不同的作业属性也会出现因人而异的情况。比如说插头插接几乎都是人的作业，而螺栓的拧紧一般都通过复杂或简易的设备来完成作业。如果两种作业采用相同的基准来判定，会显得实用性不强。所以丰田根据作业属性不同还细化了更详细的判定基准。下面以螺栓拧紧为例来进行进一步说明。

在拧紧作业中，首先将拧紧作业可能出现的问题分成为三类：未拧紧、力矩超规格以及螺栓拧紧时由于倾斜拧入或附着焊渣等造成的螺纹异扣。

分别针对这三种问题，从拧紧工具、作业频度、忘记拧紧的检测、螺栓构造、作业顺序以及自己检查等几个方面来对发生防止进行详细的评价。

针对流出防止，从制造的后工序检查和完成车检查两个方面根据检查手段进行了保证度的评价。

详细的评价项目及评分标准见表 7-9，其中涂灰色的部分是不需要评价的项目。

标准针对保证发生防止和流出防止的评价点数和级别进行了定义。例如当发生防止的措施总评价点数在 7 点以上时可以评价为 1 级，顺次计算，当评价点数在 2 点以下时则会评价为 4 级；流出防止也是相同的道理，当有后工序的 QL 力矩检查时评价为 4 点，相应的等级可以评价为 1 级，而如果完全没有流出防止的措施，会评价为 4 级。

表 7-9　详细的评价项目及评分标准

评价项目	发生防止																										制造流出防止							检查流出防止					综合评价		
	拧紧工具									作业频度			忘记拧紧检测				构造				顺序		自己检查					后工序							检查工序							
	上下限力矩检测	下限力矩检测	CPK≥1	着座式定时器扭力扳手等拧紧完了检测	和力矩相符的拧紧工具	有异扣检测（有反向旋转功能）	有异扣检测（有反转功能以外的功能）	套筒长度≥30 cm（有防止振动设计时为0点）	万向联轴器使用	全数或者作为选装工序全数拧紧	以两厢车、三厢车为单位全数拧紧	曰手选装等原因，装配有无或个数的区分	忘记拧紧或者个数检测，异常时生产线停止	忘记拧紧或者个数检测，异常时仅仅有警报	有指示票或者指示灯	工具是否使用的检测	着座音、着座感明确（没有力矩下降）	螺栓向导或者有切口	防止倾斜打入的螺母	拧紧工序以后有力矩下降	先用手进行3扣以上预拧紧的顺序	用工具进行预拧紧的顺序	拧紧后用QL等进行拧紧确认	通过作业姿势可以判定着座面的作业顺序	有手感、记号笔检查	发生防止评价点合计	发生防止级别（ 级）	有QL检查	有扭力扳手等的检查	有手感、记号笔检查	有目视检查	制造流出防止评价点合计	制造流出防止级别（ 级）	制造保证度（发生+流出）	QL等的全数检查	用扭力扳手的全数检查	用手感（榔头）全数检查	目视检查	检查流出防止评价点合计	制造+检查流出防止评价点	制造+检查流出防止（ 级）	综合保证度
评价点	5	3	4	2	1	5	4	−1	−1	3	2	−1	5	4	2	2	2	1	2	−1	4	2	3	2	1	—	—	4	3	2	1	—	—	—	4	3	2	1	—	—	—	—
未拧紧																																										
力矩																																										
异扣																																										

而本案例中所涉及的两处螺栓拧紧的项目，根据表 7-10 的评价基准进行逐项确认，依次记入相应的评价点数，见表 7-11。

表 7-10 发生防止和流出防止评价基准

发生防止		流出防止	
评价点	级别	评价点	级别
≥7	1 级	≥3	1 级
5~6	2 级	2	2 级
3~4	3 级	1	3 级
≤2	4 级	0	4 级

由于两个作业使用的螺栓和拧紧工具都是相同的，所以它们的发生防止保证度也是一样的。最终的评价结果为“未拧紧”和“力矩”的发生防止保证度为 2 级，异扣的保证度为 1 级。

而由于两处都没有任何的后工序检查，所以不管是制造的流出防止保证度还是检查的流出防止保证度得分都是 0 点，保证度评价为 4 级。

（4）根据保证度矩阵表评价实际质量保证度　最终的保证度是根据发生防止保证度和流出防止保证度进行综合评价的。依据前文讲过的保证度矩阵表（见表 7-6），可以对制动踏板两处拧紧作业的保证度判定如下：“未拧紧”和“力矩”的品质保证度为 B 级，而“异扣”的品质保证度为 A 级。评价质量保证度见表 7-12。

（5）评价保证度是否合格　评价每个作业要素的品质保证度的目的是确认其是否满足工作现场的品质要求，所以还需要将评价结果和最开始设定的目标保证度进行比较，如果品质保证度高于或等于目标保证度就可以判定其为合格；反之当品质保证度低于目标保证度时，则判定为保证度不合格，必须要进行改善。

在本案例中，由于两处拧紧位置的目标保证度都是 A 级，所以判定结果是“异扣”的保证度为合格，而“未拧紧”和“力矩”的保证度不合格，必须要进行改善。

（6）针对不合格项目进行改善　由于“未拧紧”和“力矩”两个项目的品

表 7-11 螺栓拧紧的评价点数

评价项目					发生防止																											制造流出防止							检查流出防止				综合评价			
					拧紧工具									作业频度			忘记拧紧检测				构造				顺序		自己检查					后工序							检查工序							
					上下限力矩检测	下限力矩检测	CPK≥1	着座式定时器扭力扳手等拧紧完了检测	和力矩相符的拧紧工具	有异扣检测（有反向旋转功能）	有异扣检测（有反转功能以外的功能）	套筒长度≥30cm（有防止振动设计时为0点）	万向联轴器使用	全数或者作为选装工序全数拧紧	以两厢车、三厢车为单位全数拧紧	由于选装等原因，装配有无或个数的区分	忘记拧紧或者个数检测，异常时生产线停止	忘记拧紧或者个数检测，异常时仅仅有警报	有指示票或者指示灯	工具是否使用的检测	着座音、着座感明确（没有力矩下降）	螺栓向导或者有切口	防止倾斜打入的螺母	拧紧工序以后有力矩下降	先用手进行3扣以上预拧紧的顺序	用工具进行预拧紧的顺序	拧紧后用QL等进行拧紧确认	通过作业姿势可以判定着座面的作业顺序	有手感、记号笔检查	发生防止评价点合计	发生防止级别（ 级）	有QL检查	有扭力扳手等的检查	有手感、记号笔检查	有目视检查	制造流出防止评价点合计	制造流出防止级别（ 级）	制造保证度（发生+流出）	QL等的全数检查	用扭力扳手的全数检查	用手感（榔头）全数检查	目视检查	检查流出防止评价点合计	制造+检查流出防止评价点	制造+检查流出防止（ 级）	综合保证度
No.	作业要素	工序	重要度	评价点	5	3	4	2	1	5	4	−1	−1	3	2	−1	5	4	2	2	2	1	2	−1	4	2	3	2	1	—	—	4	3	2	1	—	—	—	4	3	2	1	—	—	—	—
2	制动踏板支架与制动泵打紧	制动踏板安装	S	未拧紧												−1	5													4	2					0	4						0	0	4	
				力矩		3			1			−1									2									5	2					0	4						0	0	4	
				异扣						5											2	1				2				10	1					0	4						0	0	4	
13	制动踏板与制动踏板支架打紧	制动踏板安装	S	未拧紧												−1	5													4	2					0	4						0	0	4	
				力矩		3			1			−1									2									5	2					0	4						0	0	4	
				异扣						5											2	1				2				10	1					0	4						0	0	4	

表 7-12 评价质量保证度

评价项目					发生防止																											制造流出防止							检查流出防止				综合评价			
					拧紧工具									作业频度			忘记拧紧检测				构造				顺序		自己检查					后工序							检查工序							
					上下限力矩检测	下限力矩检测	CPK≥1	着座式定时器扭力扳手等拧紧完了检测	和力矩相符的拧紧工具	有异扣检测（有反向旋转功能）	有异扣检测（有反转功能以外的功能）	套筒长度≥30cm（有防止振动设计时为0点）	万向联轴器使用	全数或者作为选装工序全数拧紧	以两厢车、三厢车为单位全数拧紧	由于选装等原因，装配有无或个数的区分	忘记拧紧或者个数检测，异常时生产线停止	忘记拧紧或者个数检测，异常时仅仅有警报	有指示票或者指示灯	工具是否使用的检测	着座音、着座感明确（没有力矩下降）	螺栓向导或者有切口	防止倾斜打入的螺母	拧紧工序以后有力矩下降	先用手进行3扣以上预拧紧的顺序	用工具进行预拧紧的顺序	拧紧后用QL等进行拧紧确认	通过作业姿势可以判定着座面的作业顺序	有手感、记号笔检查	发生防止评价点合计	发生防止级别（级）	有QL检查	有扭力扳手等的检查	有手感、记号笔检查	有目视检查	制造流出防止评价点合计	制造流出防止级别（级）	制造保证度（发生+流出）	QL等的全数检查	用扭力扳手的全数检查	用手感（榔头）全数检查	目视检查	检查流出防止评价点合计	制造+检查流出防止评价点	制造+检查流出防止（级）	综合保证度
No.	作业要素	工序	重要度	评价点	5	3	4	2	1	5	4	-1	-1	3	2	-1	5	4	2	2	2	1	2	-1	4	2	3	2	1	—	—	4	3	2	1	—	—	—	4	3	2	1	—	—	—	—
2	制动踏板支架与制动泵打紧	制动踏板安装	S	未拧紧												-1	5													4	2					0	4	B					0	0	4	B
				力矩		3			1			-1									2									5	2					0	4	B					0	0	4	B
				异扣						5											2	1				2				10	1					0	4	A					0	0	4	A
13	制动踏板与制动踏板支架打紧	制动踏板安装	S	未拧紧												-1	5													4	2					0	4	B					0	0	4	B
				力矩		3			1			-1									2									5	2					0	4	B					0	0	4	B
				异扣						5											2	1				2				10	1					0	4	A					0	0	4	A

质保证度不合格，必须要对其进行改善。而改善的方案，还是要根据评价矩阵表的具体内容来考虑。在实际的改善中，考虑到拧紧的重要性，本作业工序后面的品质门中，追加了针对此两处拧紧作业的QL检查。

在追加完之后，QA网络的评价结果（见表7-13）变化如下：流出防止的保证度由4级变成了1级，而品质保证度也由B级变成了A级，满足目标保证度的要求，可以判定为合格了。

在实际的工作中，除了上述的螺栓拧紧以外，QA网络还会针对影响车辆安全、法规，以及影响性能的重要品质如"注油""注液""插头结合""插管结合""装配""打刻"等作业有详细的评分和保证度评价，在此不再赘述。

通过自工序完结与QA网络的评价、改善结合，整个车辆的质量保证体系就会呈现既无限地追求在工序内保证品质，又比较务实地应用检查手段的一种做法。对于自工序保证程度高的项目，自然就不需要后工序的检查。而对于那些自工序保证程度还不完备的项目，为了确保不良不流出工作现场，则必须要追加品质门或者最终检查工序的确认。同时，后工序在检查过程中发现的不良反馈到前工序又进一步地将保证度不足的项目进行明示，促进自工序良品条件的完备。

7.3 自工序完结的审核体系

QA网络是基于产品构造、设备防误等要素进行理性分析，来评价品质保证度的一套系统性工具，是连接自工序完结与检查保证的一道桥梁，企业要清醒地认识到，QA网络要发挥作用是有其前提条件的。

从人的方面来说，需要基础的知识和经验，具备必要的作业技能，必须遵守标准作业；从设备角度来说，必须要进行充分的设备维护保养和点检；还需要充分的良品条件整备、有效的变更点管理以及异常处置等。这些基础条件称之为维持管理。

在本节中，本书介绍如何进行维持管理以及如何有效地评价维持管理体系

表 7-13 追加完之后，QA 网络的评价结果

评价项目					发生防止																												制造流出防止							检查流出防止				综合评价			
					拧紧工具									作业频度			忘记拧紧检测				构造				顺序		自己检查						后工序							检查工序							
					上下限力矩检测	下限力矩检测	CPK≥1	着座式定时器扭力扳手等拧紧完了检测	和力矩相符的拧紧工具	有异扣检测（有反向旋转功能）	有异扣检测（有反转功能以外的功能）	套筒长度≥30cm（有防止振动设计时为0点）	万向联轴器使用	全数或者作为选装工序全数拧紧	以两厢车、三厢车为单位全数拧紧	由于选装等原因，装配有无或个数的区分	忘记拧紧或者个数检测，异常时生产线停止	忘记拧紧或者个数检测，异常时仅仅有警报	有指示票或者指示灯	工具是否使用的检测	着座音、着座感明确（没有力矩下降）	螺栓向导或者有切口	防止倾斜打入的螺母	拧紧工序以后有力矩下降	先用手进行3扣以上预拧紧的顺序	用工具进行预拧紧的顺序	拧紧后用QL等进行拧紧确认	通过作业姿势可以判定着座面的作业顺序	有手感、记号笔检查	发生防止评价点合计	发生防止级别（级）	有QL检查	有扭力扳手等的检查	有手感、记号笔检查	有目视检查	制造流出防止评价点合计	制造流出防止级别（级）	制造保证度（发生+流出）	QL等的全数检查	用扭力扳手的全数检查	用手感（榔头）全数检查	目视检查	检查流出防止评价点合计	制造+检查流出防止评价点	制造+检查流出防止（级）	综合保证度
No.	作业要素	工序	重要度	评价点	5	3	4	2	1	5	4	−1	−1	3	2	−1	5	4	2	2	2	1	2	−1	4	2	3	2	1	—	—	4	3	2	1	—	—	—	4	3	2	1	—	—	—	—
2	制动踏板支架与制动泵打紧	制动踏板安装	S	未拧紧												−1	5													4	2	4				4	1	A					0	4	1	A
				力矩		3			1			−1									2									5	2	4				4	1	A					0	4	1	A
				异扣						5											2	1				2				10	1					0	4	A					0	0	4	A
13	制动踏板与制动踏板支架打紧	制动踏板安装	S	未拧紧												−1	5													4	2	4				4	1	A					0	4	1	A
				力矩		3			1			−1									2									5	2	4				4	1	A					0	4	1	A
				异扣						5											2	1				2				10	1					0	4	A					0	0	4	A

是否在有效地运行（见图 7-8）。

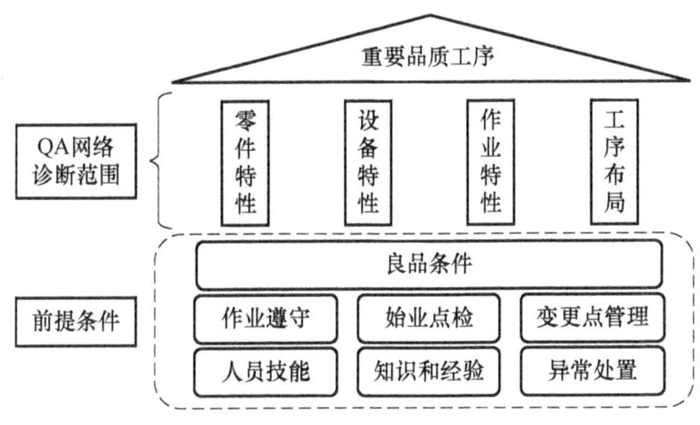

图 7-8　维持管理体系

7.3.1　维持管理

所谓维持管理，从字面意思就可以看得出来，即在量产期间为了能够稳定持续地生产品质优良的产品，就必须要严格地遵守在生准期间打造的良品条件。

良品条件的内容具体可以概括为维持管理“5M”，即人、机、料、法、测，见表 7-14。

表 7-14　维持管理“5M”

5M	分类	要素	失败示例
Man	作业者	技能、经验、作业遵守、身心健康等	技能不足，身体状况不好，未遵守标准作业
Machine	设备	工序、机械、工具等	刀具设定不良，机械磨损
Material	材料	材料、零件、材质等	误品，材料过期，零件变形
Method	作业方法	图样、作业要领书、品质基准书等	作业标准未更新，指示条件模糊
Measurement	测量和评价	测定方法、仪器校正、测定记录等	测定失误，测量仪器精度不良

维持管理从内容上来说又分为三个方面，分别是“日常管理”“变更点管理”及“异常处置”。

1. 日常管理

日常管理是维持管理体系的基础，在量产已经稳定的情况下，只要对 5M 进行日常管理，就可以做好不良的“发生防止”“流出防止”。

日常管理作为管理者每日的定常业务，虽然看似平淡乏味，但却是一个制造型企业稳定、平准化生产的前提条件，见表7-15日常管理表。

表7-15 日常管理表

5M	分类	日常管理的示例
Man	作业者	现场管理监督者在现场的巡回（查看健康状态，查看作业遵守情况，困难事项的沟通） 计划性的作业技能训练、技能考核
Machine	设备	计划性的设备点检、保养 预防性的设备管理项目
Material	材料	出货、进货的检查确认 根据“管理图”进行倾向化管理
Method	作业方法	作业标准文件的保管状态确认，标准良否的定常确认 设定条件的定期确认
Measurement	测量和评价	测定仪器的定期校正、点检 测定结果的反馈、跟进、管理

2. 变更点管理

变更点管理也是针对5M的变更，有针对性地提前准备，以确保不会对品质、生产、安全等方面造成影响的管理活动，见表7-16变更点管理表。

表7-16 变更点管理表

5M	分类	变更点管理的示例
Man	作业者	作业者替换时的事前训练（标准作业、异常处置等） 交替后的作业观察以及产品品质确认
Machine	设备	设备突发事故后的运行确认、产品确认、过程能力确认 定期保养及设备改造等变化后的产品、工序确认
Material	材料	设计变更、工序变更时的初品确认 长期连休后的产品品质确认、装车品质确认
Method	作业方法	工序变更/生产节拍变更时的要领书变更、作业条件变更确认 生产停止后再开机时的异常处置实施
Measurement	测量和评价	开班时的测量设备校正 开班后、下班前的精度确认

3. 异常处置

异常处置是量产维持管理中非常重要的一个环节。所谓异常，指的是量产

5M 的作业环境与正常状况下发生了计划外的变化的情形。与变更点管理不一样，异常是指突然的、非计划性的变化。

比如生产过程中设备突然作动的异常，或作业者突然身体不适，或突然发现来料有异常，或者是作业者发现按照标准作业无法生产出合格的产品等各种情形。

在发生异常时，丰田有一套标准的三步骤原则：停止，呼叫，等待。

这一套原则，正是基于 TPS 的两大支柱之一的自働化设定的。只有保证在发现异常之后，能够停下来，进行必要的解析、调查和处置之后，再恢复生产，才能够保证即使生产了不良品，其范围也是最小和可控的，如图 7-9 发生/发现异常时的处置方式所示。

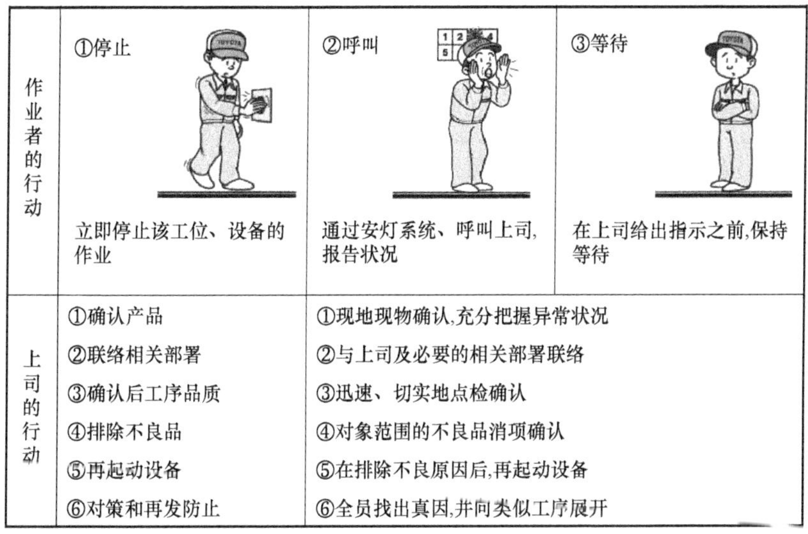

图 7-9　发生/发现异常时的处置方式

7.3.2　维持管理体系中存在的课题

丰田的自工序完结体系，从生准期间的设计要件、生技要件到制造要件，尽可能地打造一套让作业者只要按良品条件去执行标准作业就可以当场判定作业是否合格的体系。同时以非常务实的态度以 QA 网络来评价重要工序的保证度，从重要度、发生可能性及流出可能性的三层维度，再加上一层保障。在此基础上，又进一步夯实 QA 网络的基础——维持管理体系，从整体保证流程上对每道工序的日常管理、变更点管理及异常处置流程进行了细化规定。

那么，是否意味着这一套保证体系已经足够完美了？答案却是“不一定”。如果深层次地研究日常管理、变更点管理及异常处置的流程，会发现这一套流程的成立基于足够稳定的现场管理者。但是现场管理者是否就可以完全担负起最后的品质关口的重任呢？现在看一下现场管理者的基本职责。

作为丰田的现场管理者，要担负着五大任务，即安全、生产、品质、成本及人员管理。从这些关键词中可以看出，现场的管理者首先要保证现场的安全运行，在此基础上还要满足企业的产量要求，以及成本降低生产效率提高等各方面的压力。所以在实际生产过程中会发生下述问题：

- 之前发生的不良问题，已经制定了对策，但是却未植入标准作业文件。
- 知道作业要领书和设备条件的要求，但却不知道为什么这样指示。
- 现场管理者本身也会出现疏忽，没有注意到维持管理条件的变化或异常。
- 现场管理者的人事变动后，新管理者会忽略一部分管理规则。
- 作业要领书的上位文件发生改变，但是要领书本身却未更新。

上面提到的这些问题，绝对不是危言耸听，而是在实际工作中重复发生的问题。这就意味着必须要有一套独立的第三方审查体系，来评价审核现场工作的保证度。这样一套体系在丰田内部叫作品质评审。

7.3.3 品质评审

所谓品质评审是指品质部门派出专门的监查员，定期到制造现场对其品质保证体系的整备状况及实施状况进行诊断，不断改善发现的弱点以增强现场体质的品质提升活动。

在介绍具体的活动实施方法之前，可以先讨论一个问题：在一个企业里面，品质评审的工作是否容易推进？从品质评审的定义就可以看出来，其主要目的是去现场挑毛病，找弱点，推进改善。从公司层面来说，这肯定是一个有利的活动，但是对于制造现场来说，却未必每个人都可以理解其意义并做到积极配合。因为从人的本性来说，即使是立场再高的管理者，也肯定倾向于将问题控制在自己的部门之内，而不希望质量部门的人来指出他们工作中的不足。

这就意味着，要想推进品质评审的工作，不能是平行部门间的协作活动，应设定为必须是从公司层面强制推行的重点工作，即品质评审要在公司内作为一项品质方针性的工作来推行，自上而下要求层层贯彻、执行、配合。

1. 品质评审的基础——质量方针

在公司的质量方针中明确质量部门作为独立第三方对制造部门进行评审具有极为重要的意义。

1）明确品质评审的必要性，质量部门作为审核者，制造部门作为配合者，两者对这一项工作形成统一认识。

2）质量部门师出有名，避免平行部门之间的矛盾。

3）将品质评审的标准提前梳理、公开，可以帮助每个职场的人对于工作合格与否的判定条件有更明确的认知。

4）作为制造部门的管理者，在知道有人会监查其工作的情况下，相对于仅仅对结果负责的状态，会更加有紧迫感。

2. 品质评审的实施

有了内部的实际需求以及公司高层的支持，就可以开展品质评审的实际工作了。虽然确认的项目繁多，但是从整体来看，品质评审包括两方面的内容：

1）品质保证的体系（规定，标准）是否完备。

2）现场作业是否按照规定的体系在执行。

即现场的工作有没有规则和是否执行规则，这两条内容其实适用于制造业现场生产过程中的每一个岗位。没有规则就意味着没有批量生产品质稳定产品的基础，而只有规定没有执行的话，则意味着纸上谈兵，坐而论道。

（1）品质保证体系（规定、标准）是否完备　关于保证体系的审查又可以分为两类，分别是规则类和标准类。规则类主要是上文提到的日常管理 5M、变更点管理5M管理要求，以及异常处置的流程等。标准类主要是指现场的作业要领书和品质检查表等。在这里稍微展开说明一下，审查的基本逻辑如下：

1）确认是否有作业要领书（或要素作业票）。

2）确认作业要领书的指示是否有上位文件（如图样、技术指示书、QC工序表、设备工作图、车辆检查法、零部件检查法等）。

3）作业要领书中的品质标准或作业手法等是否与上位文件的最新版一致。

4）作业要领书中是否明确了品质要点和预算不良（作业目的）等。

5）是否已经将过往发生的不良对策植入作业要领书。

6）作业要领书是否处于管理状态（明细、保管场所、管理责任者、借出记录等）。

总之，通过对制造部门品质保证体系的监查可以确认现场的每一个作业是否都有标准可依，标准是否处于最新的状态，这些标准文件是否真正处于管理中，监查结果表见表7-17。

表7-17 监查结果表

<table>
<tr><td colspan="4">1. 监查结果（90分以上合格）</td></tr>
<tr><td rowspan="2">/ 100分</td><td>需要改善内容</td><td colspan="2">※上次监查结果</td></tr>
<tr><td rowspan="2"></td><td>分</td><td rowspan="2">〔实施日〕
〔指摘内容〕</td></tr>
<tr><td>合格・不合格</td><td>合格</td></tr>
</table>

<table>
<tr><td colspan="6">2. 监查内容　　评价：○没有问题（±○）　△部分未实施（−5分）　×未实施（−10分）</td></tr>
<tr><td colspan="2">标准类</td><td colspan="4">作业动作</td></tr>
<tr><td>监查项目</td><td>评价</td><td colspan="2">监查项目</td><td colspan="2">评价</td></tr>
<tr><td rowspan="3">① 标准类是否齐备（各车间不同）
品质确认标准、QA网络诊断QC工序表、车辆检查法、品质标准书、工作图和技术指示书</td><td rowspan="3"></td><td colspan="2">① 制造管理（作业）</td><td>A</td><td>B</td></tr>
<tr><td colspan="2">• 有没有按照要领书规定作业</td><td></td><td></td></tr>
<tr><td colspan="2">• 作业延迟时的对应切实与否（后援体制）</td><td></td><td></td></tr>
<tr><td>• 有无重要度指示（S・R・指[①]等）</td><td></td><td colspan="2">• 部品放置场、识别是否明确</td><td></td><td></td></tr>
<tr><td>• 有无规格、判定基准</td><td></td><td colspan="2">• 良品、不良品区分、放置场是否明确</td><td></td><td></td></tr>
<tr><td>• 确认频率，确认数及确认者、责任人是否明示</td><td></td><td colspan="2">• ▽S的标识是否悬挂在生产线侧</td><td></td><td></td></tr>
</table>

（续）

标准类		作业动作		
监查项目	评价	监查项目	评价	
② 有无作业要领书（组装、加工、检查、品标等）		② 品质确认	A	B
• 有无重要度指示（S·R·指[①]等）		• 是否按照规定频率确认		
• 有无规格、判定基准		• 是否按照规定方法确认		
• 有无作业方法、要点		• 发生超规格情况时是否进行处置		
• 确认数及确认者、责任人是否明示		• 有无点检人和上司确认签字		
• 指示书和要领书是否一致		• 有没有保留定期确认记录（保管期限）		
③ 有无品质检查表（5 点管理等）		③ 设备管理、治工具·测定具管理		
• 有无重要度指示（S·R·指[①]等）		• 是否进行日常点检（有无记录、超规格处置、点检人和上司确认签字）		
• 有无规格、判定基准				
• 有无作业方法、要点（测定工具等）		• 防呆装置是否正常作动		
• 确认者、责任人是否明示		• 防呆解除方法有无问题		
④ 有无设备日常点检管理表（使用设备工程必须）		• 是否使用指定（有目的的）工具		
• 有无规格、判定基准		• 是否切实遵守有效期限		
• 确认频率，确认数及确认者、责任人是否明示		④ 教育		
• 消耗品的点检、更换基准		• 有没有理解度、熟练度的基准		
⑤ 有无品质异常处置规定（必须）		• 作业者的熟练度是否明确		
• 异常处置的定义、处置是否明确		• 教育后有没有留档		
• 确认者、责任人是否明示		⑤ 陷阱测试		
⑥ 有无人工修复处置规定（必须）		• 后工序是否具备检出能力		
• 有无规格、判定基准		• 停线的作业是否正确		
• 有无作业方法、要点		• 生产线是否可以停线		
• 确认者、责任人是否明示		• 支援作业的操作是否正确		

3. 回答栏（有“需要改善内容”时请回答）　部署：

① S 表示安全项目；R 表示法规项目；指表示指定项目。

（2）现场作业是否按照规定的体系在执行　在确认完基本的管理规则和作业标准之后，更重要的是根据确认完的规则来点检现场的实际作业是否按照该体系在运营。

1）针对日常的5M管理和变更点管理，确认管理者是否有相关的记录表，记录表本身是否处于最新的状态。

2）针对异常处置流程，也要结合实际的后工序异常信息和本工序的异常记录，确认作业者和管理者之间是否遵守了“停止、呼叫、等待”的原则来处置异常，并确认异常处置的结果是否合理。

3）针对作业者本身的作业，需要确认以下内容：

- 管理者是否有作业者的作业观察记录，有无异常记录。
- 有没有根据作业者的作业内容实施过专门的教育及考核记录等。
- 作业者本身是否按照作业要领书在执行。
- 通过考试、问答等形式确认作业者是否掌握品质基准、作业目的以及过往发生过的不良等信息。
- 相关的品质点检表是否按照检查标准在记录，有无异常信息及相关的处置过往和结果等。

在对现场的规则、标准及实际的作业确认之后，如果发现问题点的话，监查员会当场通知现场管理者，并一起当面确认、核实问题点。在互相达成共识的情况下，要通过正式的文件进行改善方案的跟进。

品质评审活动最早发起于品质部门，他们因为手持公司品质方针的尚方宝剑，所以工作推进会很有力量。但是同时却又存在着另外一个问题，毕竟一辆车上要管控的点位成千上万，仅仅靠品质部门的品质评审，现场监查会出现频率过低、有些问题暴露过慢的情况。

所以在丰田实际推进品质评审活动的过程中，结合自工序完结的思想，通过培养各制造车间的独立监审员，来平衡工作效率和效果。

总之，在所有的车间都接受了品质评审理念之后，即使是车间内的监查员也能够有效地推动现场的保证体系和实际执行的双螺旋上升。

7.4 自工序完结评价体系

品质的提升是双螺旋式上升，通过审核体系把品质保证的良品条件以维持管理要素作业的形式植入到了产品制造中，这样在产品制造过程中的 4M 得以在合理的空间内波动，把品质维持在一个可控的范围内，从而保证了产能的提升。为了长期维持产能和品质的共同提升，必须时刻把握制造和品质系统的运行方向，最好的办法是阶段性地对制造流程各工序进行自工序完结评价，用统一的评价方法和手段获得各工序的自工序完结的实际情况，然后进行有针对性的改善，合理地引导全部工序按照统一的方式和方法践行自工序完结的理念。通过评价给各工序打分，分值表明了各工序的差距，大家根据此差距利用丰田问题解决方法解决自己存在的问题，从而缩小差距。这样，自工序完结会不断地被完善，企业的核心竞争力得以成长，下面介绍一下自工序完结的评价体系。

自工序完结评价分为四部分：明确工作的目的和目标；评价工作流程是否完备；评价要素作业的判定基准是否准确；评价要素作业的良品条件是否合理。

7.4.1 明确工作的目的和目标

如果弄错了工作的目的和目标，不管怎样详细地整理流程，也无法产生期望的成果。不知道是为了什么而进行工作，就这样模棱两可地进行工作，其结果就会因为负责人的不同而使工作产生偏差，就会偏离目标，浪费后面的工作，所以在这里一定要明示本部门方针和本部门的职能职责，以及本工序存在的目的和意义。

工作的目的是指“谁——Who”“为谁——Whom”“在哪里——Where”“做什么——What”“怎么做——How”，目标是“做什么——What”“到什么时候——When”“到什么程度——How much”。需要充分理解输出什么是工作的目的和目标；充分使用 5W2H 来把握工作的目的和目标。

为了提供后工序和客户所要求的物品、服务，才有了工作。为了满足后工序（通常是公司内外的关系部门）的需求和最终客户的需求，需要明确添加什么样的附加价值是工作的目的。

对公司内部后续工序的需求，原则上通过直接沟通来把握。“顾客第一”不仅仅是单纯的口号，站在顾客的立场上，重要的是要认真思考自己需要什么样的工作。

无论什么工作，与所有相关部门的合作都很重要。把接收信息的部门作为前工序，把传递信息的部门作为后工序，与前后工序交换的信息的内容和时机的整合是必要的，在与相关部门之间明确分工，正确认识自己应该发挥作用的同时，确认工作的目的和目标是否适合是很重要的。

7.4.2 评价工作流程是否完备

比起没有章法地进行工作，如果明确了最好的工作方法（流程）的话，除了能有效地推进工作之外，还可以作为进一步改善的基础。

如果明确了“流程”，在发生问题的情况下，除了能马上把握重做的范围外，还能防止此问题再次发生。

减少因人而异的工作，工作由其他人代为行使也变得容易。

工作的正确性取决于流程的细化程度。工作人员的工作虽然是连续的决策，但是每一个都和良品条件保持一对一结合的状态，可以说是细化的目标。

细化后要素工作会逐渐变得简单，进行其他工作时也常会有共通的良品条件。细分的话，没有良品条件的部分也会变得清楚。

根据负责人的不同，如果工作不顺利的话，最基本的就是根据需要细分。在能判断好坏的地方，不需要细化。

良品条件、判断基准不明确，如果有因负责人自身的判断而无法进行业务的要素作业的话，需要尽快将上司或第三者的检查编入“流程”中。

每次工作的时候，都要确认准备时间、限制、要求事项等，要求以有实际成果的以往的“流程”“良品条件”“判断基准”为基础进行必要的追加和修正。这是相当于 PDCA 的 P（Plan）的运用部分，即使存在标准，也需要在工作开始之前预先准备好每次需要的变更点、限制、新的办法等。

无论什么工作，和所有相关部门的合作都很重要。以接收信息的部门为前工序，以传递信息的部门为后工序的连续工作是工序，这一系列被称为“流程”。每个要素作业都需要与前后工序交换的信息的内容和时机的整合。如果无法进行上述整合，在必要的时机未提供必要的信息时，必须使用临时信息开始作业。在这种情况下，作为以临时输入信息开始工作的“流程”，必须在后面加入转换成正规输入信息进行必要调整的“流程”。

工作的重做和后工序的投诉，可以说是“流程”或“良品条件”有问题，也有可能是判断基准的错误。为了任何人接下来都能很好地推进这个事情，对于问题的改善是必要的。自工序完结经常以最好的工作方法为基础来安排下一个工作的想法，所以需要以前面的工作为基础来应用，为了后继而改善留存下来。

7.4.3　评价要素作业的判定基准是否准确

判断构成过程的每个要素工作成果好坏的依据，是自工序完结中最重要的部分，也是负责人自己判断好坏的基准。负责人自己工作输出的用途多种多样，在自己的下一个要素作业中使用或根据其他部门的需求将输出作为信息传递，如果要交给其他部门，需要对内容（时机）和其他部门达成一致。账票和图样等是信息传达的手段，要充分显示必要的信息和判定基准，理想状态是与后工序所需的输入信息一致。

7.4.4　评价要素作业的良品条件是否合理

首先要明确，输入的信息是充分必要条件，如果没有明确说明必要的信息是什么，会用手边对自己有利的信息进行工作，就会导致工作失误。通过明示“必要信息的内容”和“必要的时机”“接受信息的前工序”，可以明确判断与前工序的整合是否高效，从而明确是否存在改善的课题。然后，将输入的信息内容具体化，单据、图样、规格说明书等是信息的传达手段，不是目的，重要的是要评价其分解和具体化的内容是否充分。如果作为“输入信息”，即使写成单据也不能明确所需的信息，那么这个输入信息就被评价为无效项目。输入信息还要评价与前工序的一致性，如果“输入信息”的必要条件没有传达到前一个工序，则会因前一个工序的情况而发生变更，从而使工作重新开始，需要向前一个工序传达自己的使用信息和必要条件，使信息的输出（前工序）和输入（我方）一致，要有一个和前工序定常沟通的机制。

输入信息具体化以后，下面就要评价每个要素作业使用的工具是否合理，为了准确无误地生产所要求的成果，作为良品条件之一，有必要明示要素作业所需的“工具”。如果工作方法能用“方法”和“动作”充分覆盖的话，就没有必要特别定义工具了。例如使用了专用软件和通用软件的特定功能、工作表等，这些就是工作中直接需要的“工具”。这时就要判断负责人是否能熟练使用该软件，需要写明具体“工具”的名称，而不是电脑等的标识，这时的评价要和操作人员面谈。

有了工具并不代表就能有好的工作结果，还要评价使用工具的方法，“方法”是准确无误地做出被要求成果的重要良品条件之一。自工序完结以目前最好的工作方式为基础，而后加上改善的想法，所以要求把目前能知道的最好的“方法”明确表示为良品条件。在开发中，规定的设计标准、模拟、测量技术等是“方法”，不能进行必要的测量时，判断为没有良品条件。如果不能明确说明加工输入信息、生产输出的“方法”，则该作业依赖于人的经验和能力，此时也判断为没有良品条件。方法明确后还要被第三者或者新入员工充分理解和操作，对于没有经验的人，提供最好的工作方法可以让他们提前熟悉工作，掌握好工作方法，即使世代交替，职场经验也会作为标准积累。为了继续改善，有必要将技术诀窍变成具体的方法，如果依赖个人能力和诀窍，会被评价人员识别，并会被定为不良项目。

重复这个评价循环过程就能将职场中的经验和诀窍标准化，标准化是自工序完结的目的之一。

为了准确无误地做出所需的成果，“工具”“方法”明确表示为良品条件时，负责人能否熟练运用这些要素，决定了作业的成败。如果具体显示了“工具”和“方法”的话，就可以明确能熟练使用的“能力”是什么了，因为在细化“工具”和“方法”的时候是一个连续顺畅的作业流程，所以能够判断熟练度，如果是关键工序，可以进行作业观察，进一步评价熟练度。

在有软件操作的情况下，如果不能熟练使用特定软件等，需要明确掌握必要“能力”的方法，比如明确说明在哪里可以进行讲习和自我学习等。如果是完全没有业务经验的新员工负责的话，为了降低必要的“能力”水平，将要素工作进一步细分是很有效的。

每个要素作业都明确了“工具”和“方法”后，其中的 Know-How 也是评价的关注点，有相当于良品条件的“工具”“方法”的标准、规定、规则，但这些不是万能的。如果知道那些概念产生的理由和制约，就可以防止错误。经验丰富的老手的头脑中装满了各种各样的技术诀窍。如果不能用“工具”“方法”明确表示，最好能写明“注意点”“理由”。

“在推进工作的场合判断好坏”是自工序完结的条件之一，因此，在负责人进行实际业务的时候，营造一个能够轻松获得现场必要信息的环境是必不可少的。如果在进行要素作业的现场没有提供必要的知识见解，那就等于没有知识。要素作业中必要的工具的使用手册、基准类、过去的故障事例等知识与要素作业相关联，在进行要素作业时要易于阅览和获取相关信息。

各部门都会以自工序完结评价表（见表 7-18）为依据，评价自工序的完结度。

表 7-18　自工序完结评价表

年　月　日

	课长	负责人

工作名称（业务名称）：

<制作本评价表的目的>

本表适用于每一项业务。负责人通过本表自己点检，确认自身是否达到能非常自信地开展工作的状态。目的是发现自身的不足。各个区分项目由“是否有明确记录的规定”“必要的行动是否已经进行”等项目构成。对于“已发现的课题”，具体改善了什么，改善到什么程度，可以计入本表的右侧

［结果图例］○：合格；×：不合格

No.	区分	检查项目（资料或体系）		现状		发现的课题
				负责人	上司	
1	工作的目的和目标	有明确的工作目的和目标吗？ □				
		①	你事先确认了这项工作所要求的输出是什么吗？			

（续）

No.	区分	检查项目（资料或体系）		现状		发现的课题
				负责人	上司	
1	工作的目的和目标	②	是否反映了输出接收部门的影响以及客户的需求？			
		③	考虑前后工序部门和本部门的职能分担时，这个工作的目的和目标恰当吗？			
		<解说> ◆ 为了明确这是为了什么工作，需要写明目的（提供对谁来说，产生了怎样的价值）和目标（到什么时候为止，达到什么水平）				
2	工作流程	这个工作的流程有明确规定吗？				
		①	是否有将工作细分至工作人员自身有自信地将工作进行下来的程度？			
		②	有在工作人员明确了自己难以判断好坏的要素作业的情况下，由上司或第三者进行检查的工作流程吗？			
		③	在开始工作之前确认了变更点和制约等，重新审视了工作流程和良品条件吗？			
		④	是否有对每个要素作业所需的输入信息与前工序进行确认调整，和对每个要素作业的输出和后工序的确认和调整？			
		⑤	工作结束后，对于致使返工或后工序抱怨的要素作业或良品条件、判断基准，为下一次工作不犯相同错误而做了改善吗？			
		<解说> ◆ 和其他部门协调的过程中的输出作业，必要管理点的确认作业需要毫无遗漏明确记入 ◆ 对于工作开始前的准备和工作完成后的过程改善，确保业务流程在一个保持活力的状态是不可缺少的				
3	要素作业的判断基准	每个要素作业都明示了后工序需求的判断基准吗？				
		①	收到输出的人和组织是否同意了那个内容？			
		②	不是账票名等，是否明示了对后工序的良品条件（输入信息）的内容？			

（续）

No.	区分		检查项目（资料或体系）	现状		发现的课题
				负责人	上司	
3	要素作业的判断基准		<解说> ◆ 在和相关的其他部门相互交换信息的基础上，需要相互理解对方需要的信息是什么 ◆ 前工序的输出是好还是不好的判断基准，与后工序的必要输入即良品条件保持一致非常重要			
4	要素作业的良品条件	4-1 信息输入	每个要素作业都明确了所需的输入信息是什么吗？ □			
			① 不是序票名等，而是将要素作业所需的输入信息的内容具体化了吗？			
			② 关于输入信息的内容和接收到的时间，和提供这些的前工序达成一致了吗？			
		4-2 工具	每个要素作业都明确了所需的工具是什么吗？ □			
			① 如果需要使用特定的软件或器具，有具体说明吗？			
		4-3 方法	每个要素工作都明确了必要的方法是什么吗？ □			
			① 能够被第三者和后继者理解，能实际实施的工作方法通俗易懂地具体化了吗？			
		4-4 能力	能熟练使用每个要素作业的工具、方法的能力是什么明确了吗？ □			
			① 没有具备足以推进业务的通过工具、方法定义的作业能力的话，有明确掌握那个能力的手段吗？			
		4-5 注意点理由	每个要素作业都明确了工具、方法中的Know-How吗？ □			
			① 共有良品条件、判断基准的根据（失败经验、最优经验），是不是让谁都可以随时使用呢？			
		<解说> ◆ 在准备业务处理时，为了产生所需的输出，需要明确什么样的“输入信息”是被需要的 ◆ 要想产生良好的输出，使用什么“工具”和“方法”是不可或缺的。根据工作的不同，有时仅用“方法”就可以 ◆ 即使用“工具”和“方法”来定义工作方法，也必须有能熟练使用的“能力”。为此需要明确表示必要的能力 ◆ 即使是在“工具”和“方法”中定义的工作，如果有不能在这里表示的“注意点、理由”（标准的制约、失败事例等），也需要共享				
			合计点（○：1分；×：0分）			

第 8 章 管理部门的自工序完结

8.1 推动过程

8.1.1 由制造部门向管理部门展开

丰田在20世纪90年代从制造部门开始推行自工序完结，并且为了强化经营基础，于2007年开始进一步将自工序完结推广到事务、开发等管理部门。丰田以社训或口号的形式，从创业开始将与自工序完结有关的精神一代一代继承了下来。

- 1937年，“监察并改善产品的品质和业务的运营”（时任社长丰田喜一郎）。
- 1960年，“检查的理念就是不再需要检查”（时任副社长丰田英二）。
- 1962年，“品质在工序内造就”（第三次品质月期间）。

丰田20世纪90年代对自工序完结从制造部门开始推行，2007年又展开给管理部门。从制造部门扩展到管理部门这一现象，不仅是对象领域的扩大。

最重要的是，管理部门的员工们注意到工作质量提高的必要性。在设计，生产技术，营业、管理业务方面，将“品质在工序内造就”这一理念彻底渗透到工作中，这对经营基础的强化至关重要。

8.1.2 为什么要向管理人员展开?

为了提高制造品质，在制造部门导入了自工序完结，其主要内容被整理成“自工序完结三要件”，并渗透到制造的各个领域。

- 整备作业标准，按部就班地作业——制造要件。
- 准备易于制造的设备及工序——生技要件。
- 去除需要提起注意的作业，确保易于制造的产品构造——设计要件。

一旦认可了该体系有一定的效果，就要直面来自公司内外部的各种变化。对于认为需要采取一些对策来应对各种变化的管理人员来说，其导入的自工序完结理论，恰恰是最适合提高丰田工作质量的方法。

这样一来，自工序完结被当作公司方针向全公司展开，这股潮流甚至影响了供应商及海外事业体，第 2 章介绍了丰田公司内部展开和向供应商与海外事业体展开的情况，这里就不再详述了，本章着重于讲述管理部门人员的自工序完结的情况。

8.2 管理人员的自工序完结

8.2.1 制造现场工作与管理人员的工作对比

在制造现场制造的作业点位、加工点位连在一起，员工在这样的条件下作业。举例来说，一个组装作业是从取零部件一直到交给特性检查的工序，是如下一系列的作业点位与加工点位的连锁形成的：

取零部件→拿取工具→放置零部件→取螺钉→预拧紧→真正拧紧→确认拧紧后状态。

管理人员的工作方面，也存在着类似于这种工序的状态，但令人遗憾的是，他们的作业现场都在脑海之中，并不能直接看到，都是一个一个地在头脑中想好并直接实施。

以在某个零部件设计的工作中决定使用哪个材料工序为例，它包含了下面一系列的需要意志决定的内容：确认使用环境→把握压力→设定性能目标值→决定评价方法→选定候选材料→实施评价→决定材料。

换句话说，在制造工序的“作业点位与加工点位的连锁”，可以类比为管理人员的思考和决定的过程。

虽然前面说了管理人员的工作也存在着类似于制造工序的情况，但是两者间的差异还是很大的。

- 第一方面，制造工序输出物的品质基准很明确，输出物的变更不怎么频繁，管理工作则不同。
- 第二方面，关于管理人员的业务，并没有判断良好与否的绝对基准，其标准实时在变化。
- 第三方面，制造工序的流程能够用肉眼看到，但是管理工作的流程都在人的脑海中，肉眼看不到。

因此，在制造现场，企业可以倾注力量来明确每个要素作业的判断基准和良品条件，但是，对于管理工作，就需要首先明确工作的目的和目标，以及输出物的大体形态，并决定最终得到输出物的流程。必须从这些内容的“形式化”“可视化”来开始，制造和管理的区别如图 8-1 所示。

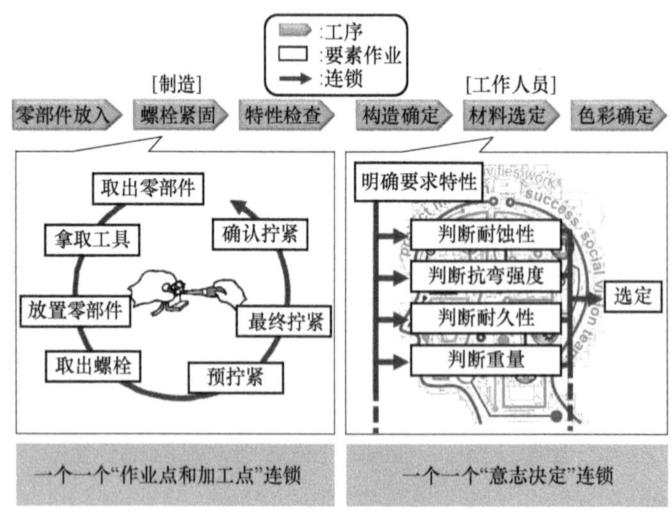

图 8-1 制造和管理的区别

8.2.2 管理工作的自工序完结是什么?

管理工作的自工序完结与制造工序的理论是相同的，目标是达到“管理人员自身在做自己的工作时，完全有自信判断自己的工作是良好的”的程度。更进一步来说，为了达成这样的目的和目标，需要描绘出一个“哪件事按照什么顺序推进”的流程，令每一个决定都有判断是否正确的基准，并且该决定所需的物与信息都要具备。这就是在开始自工序完结之前的工作。

之后，根据描绘的流程，在工作推进过程中自信地判断良否。当然，如果工作开始的前提条件变化或环境变化，管理人员的工作流程也会因之不断进行修正。

还有，在工作结束时进行回顾，对工作推进过程中发生的问题采取再发防止对策，并将该对策融入最初设计的流程中，进而作为过去的经验应用到之后的工作中。

下面开始介绍基于自工序完结所总结出的工作推进方法。

1. 明确工作的目的和目标

要想满足客户的要求和期待，必须谦虚地听取客户的声音，并且需要自己决定如何才能让客户满足，为此需要明确工作的最终输出物。为了达到目的，关键是要明确输出物是什么，时间到什么时候为止，怎样提供给客户。

(1) 客户的要求及期待与品质的关系　顾客的要求（期望）及期待与企业所提供的商品、服务的品质之间的关系，大致有三种，如图 8-2 所示。

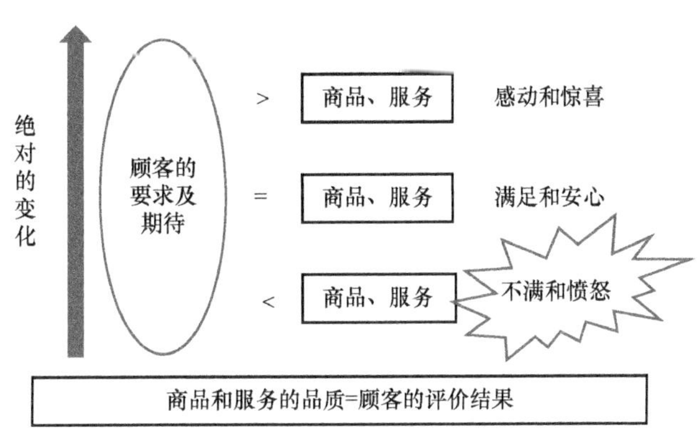

图 8-2　顾客的要求及期待与企业所提供的商品、服务的品质之间的关系

1）如果企业所提供的东西恰恰是顾客所要求或期待的，就会使顾客产生满足和安心的情绪。

2）如果企业所提供的东西超出了顾客的期待和要求，就是使顾客产生感动和惊喜的情绪。这种心情往往也关系到之后的要求和期待。

3）如果企业提供的东西低于顾客的期待和要求，就会导致顾客不满和愤怒。

商品及服务品质的良否，一定程度上要根据顾客的要求及期待情况来确定。虽然顾客的要求及期待也不时地在变化，但是拥有正确价值观且不偏颇的要求及期待是不变的。而管理人员的任务，可以说大多是找出迅速地将这种客户的变化反映到商品、服务之上的方法。

因此，管理人员的工作，一般都是要考虑成果物（输出物）对于顾客来说，需要达到顾客所期待的什么水平，从客户的角度出发来决定工作的目的和目标。

如果能做到从顾客的立场出发的话，就能够体会到该输出物会给顾客带来什么样的心情，从而培养换位思考的能力。但是也要明确，这是个需要不断的钻研的问题。

（2）把后工序当作客户　对于丰田来说，“客户至上”是非常重要的思想。

在丰田，公司经常要求员工在工作时心里时刻想着购买汽车的客户。但是，汽车从制造到卖到客户手里要经过很长的过程，这个过程需要很多人参与。

企业把购买企业产品和服务的最终客户称为客户是理所应当的，但是只要有工作的输出物被后工序所使用的情况，都要将后工序当作客户来对待。这一理念要传达给公司内外的所有相关人员和部门。客户的范围如图 8-3 所示。

在丰田内部，所有员工都要有与客户有关系的意识，并且要时刻想着自己的工作成果直接与后工序工作紧密联系。即认知“任何工作都有后工序，任何工作都有客户”的理论。

如果本来有客户（利用自己工作成果的人），却将工作成果的承认者（领

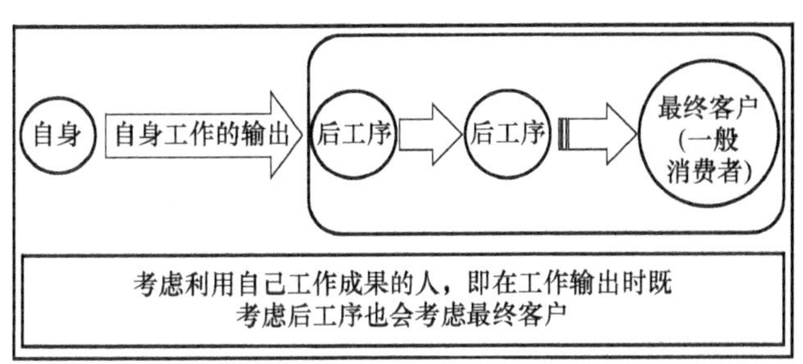

图 8-3　客户的范围

导）设定为顾客，这样好吗？诚然，领导的指示以及建议也很重要，但是如果把原本的客户忘掉的话，就会造成输出错误成果的后果。

2. 整备工作流程

要达成目的和目标，需要描绘出工作流程。若工作流程之中涉及很多人及部门，相应的工作流程（顺序）就会更加复杂，有时甚至无法按照本部门情况来决定，所以工作流程设计良好与否直接左右着结果的好坏。

因此，整备工作流程需要做如下几件事：

① 大体制作出工作流程，该流程要重视与相关部门工作的关联性。

② 将本部门所负责工作的流程细化分解。

③ 明确细化分解后各工序（类似于制造工序）的管理工作的各环节的输出物以及判断良否的基准。

④ 明确推进各工序（类似于制造工序）的管理工作的各环节所需要的物品与信息。

1）做出大体的流程，该流程要重视与相关部门工作的关联性。

要制作工作的大体流程，先要明确与该工作相关的部门。之后要将所需工作毫无遗漏地整理出来，用于做出最后的成果物。再之后，需要在明确相关部门与本部门工作的流程、信息之间的联系的基础上，与相关部门讨论各个工作的实施时间点、信息传达等内容，进而达成一致意见。

要想毫无遗漏地整理出工作的流程，从过去制定的文件、信息等开始整理整顿，也是一个不错的手段。

2）将本部门所负责工作的流程细化分解。

将“可视化”之后的大体工作流程进行具体的细化分解，争取做到本部门让每个人都能知道应该做什么的程度。由于业务特性及负责人的经验不同，“知道应该做什么”的水平也是不一样的。因此，细化分解时不能仅仅停留在自己理解就可以的水平，要做到这项工作即使是其他人去做也能够像自己一样理解并操作。

再次重复前面所说的，自工序完结所瞄准的目标是“负责人自己的工作自己就能判断好坏，并且当场就能处置”。在制造现场，要让加工的顺序及作业的顺序以生产线的形式可视化，流程明确是必须的。

另一方面，管理部门的工作流程是肉眼看不到的。但是管理部门的工作也存在着类似于制造现场的连续作业且需要连续判断的形式，管理部门的工作流程就是这样的连续过程。因此，确立细化分解后的一个一个的管理工序，对整体工作质量的提高，即高品质的成果输出有着重要意义。

3）明确细化分解后各工序的输出物以及判断良否的基准。

流程被分解之后，要明确各个工序的输出物是什么。要考虑什么样的输出物能被后序接受。还有截止到什么时间、在什么地点、向谁提供也要予以明确。

对细化分解后的流程中各个工序的输出物做好与否，应设定判断良否的基准，这个基准就叫作判断基准。

4）明确推进各工序所需要的物品与信息。

要想在各个工序产出满足判断基准的输出物，首先需要将各个工序需要的物品及信息明确出来。

管理工序的必要物品及信息指的是输入物、工具、方法、能力、权限、注意点、理由等。在丰田有言：“必要的物与信息是制造出好的输出物（良品）的必要条件。”这个被称作“良品条件”。

3. 流程的实行及回顾

按照规定的流程推进工作这一点非常重要。在每个流程之中的每件工作（管理工序）开始之前，要确认必要的物品和信息已经齐备，然后才能开始工作。如果那些不齐备的话，就属于异常，这需要向领导汇报，与相关人员商量，从而防止输出物是不良品。

工作推进过程中所发生的问题要写下并留存起来。并且在工作结束后，将点检结果与当初的目的、目标的差距，连同推进过程中所发生的问题结合在一起，采取再发防止对策。之后将再发防止对策融入工作开始之前所定的流程之中，这样就做到了防止同样的失败再次发生。

4. 知识的传承

8. 2. 1 节中阐述了管理人员业务与制造工序工作的差异。在制造工序内，输出物及制造输出物的工序是肉眼可见的，但是管理人员的业务都被保存在负责人的头脑中，即使被记录下来，大多时候也只有负责人才能灵活使用。这样的话，好不容易积累的经验只能被个人灵活使用，每次更换负责人时，过去发生过的问题就有很大可能再次发生。

因此，非常有必要将这样的经验知识记录下来，整理和整顿到其他同事都可以利用的程度，并共享给大家使用。

8. 3 实践工具的介绍

下面介绍一下在实际推进工作中所使用的实用性工具。

8. 3. 1　业务流程图

业务流程图是将本部门及前后部门的工作顺序与信息的联系视觉化后形成的流程图，是明确工作方法的工具，如图 8-4 所示。从图上可以看到本部门与前后部门的工作顺序及并能了解工作间的信息的关联性。

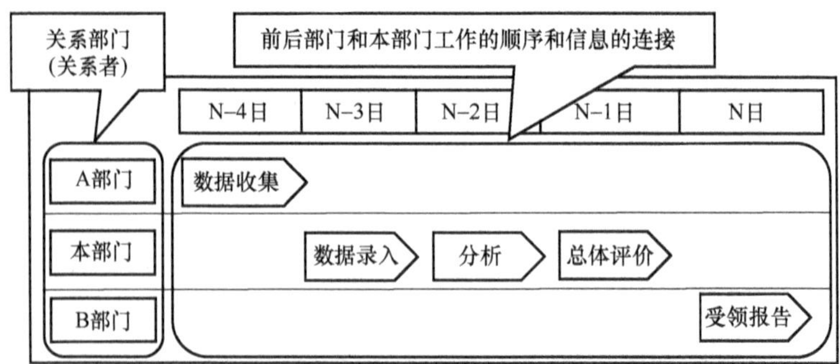

图 8-4　业务流程图

根据流程图，当工作完成时间比预定时间晚的时候，是哪一处的工作出了问题，一眼就可以判断出来。

在业务流程图上，以本部门及前后部门为纵轴，以时间为横轴，将各个部门所需做的工作沿着时间轴记录下来。在这些工作之间用箭头表示信息的关联性。

8.3.2　业务的要素整理表

业务的要素整理表是对工作的工序、各工序的输出物、各工序中必要的物与信息进行系统化整理的重要工具，通过利用这个工具，可以将必要的项目毫无遗漏地整理出来，见表 8-1。

通过用纵轴代表工序（工作流程），用横轴代表各个工序的输出物及良品条件，可以保证工作不用返工。

如果在业务开始前整理的话，要素整理表可以作为具体的业务计划表灵活使用。之后，如果将在业务实施、反思过程中所获得的知识和经验追加到业务流程图之中，业务流程图可以当作业务标准灵活使用。

8.3.3　易于灵活使用的组合

业务流程图和业务的要素整理表的优秀之处在于不仅可以分别单独使用，还可以组合使用。工具组合使用如图 8-5 所示。在制定业务标准时，将业务流程图上所展示的工作具体内容融入要素整理表的详细作业顺序之中的话，使用起来更方便。

表 8-1　业务要素整理表

任务				合格条件									工作输出				判断基准（交接基准）	返回任务No.	工时/h	期间/天	负责人
				工作输入									到哪里								
					从哪里																
大分类	中分类	No.	要素作业（小分类）	何时（时机）	前工序	任务No.	把什么（信息等）	接收标准	工具	方法	能力	注意要点及理由	后工序	任务No.	到何时（时机）	把什么（信息等）					
			详																		
			细																		
			的																		
			流																		
			程																		
			分																		
			解																		

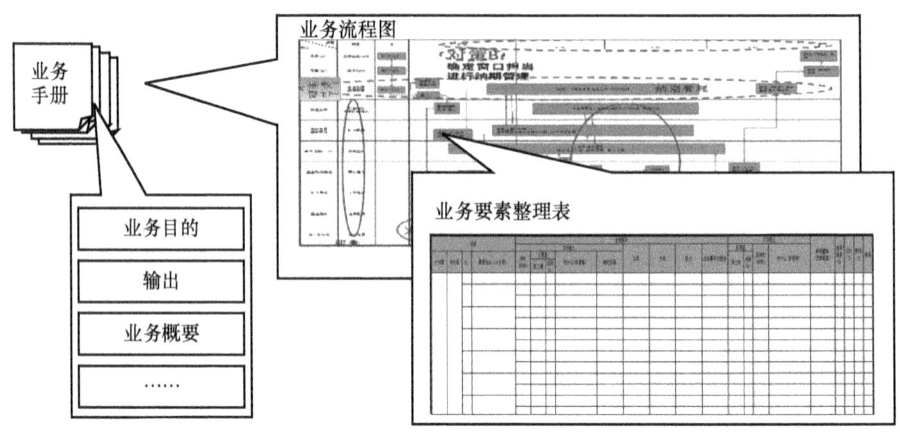

图 8-5 工具组合使用

如前所述，关于管理人员工作的自工序完结，最重要的是将工作的大体流程列出来，进行细化分解，明确其中的每一个决策，以及判断其良好与否的基准。

与制造现场的工作推进方法相比，管理工作的推进方法很难从表面上看出来，甚至负责人本人都在没有意识到其流程状态的情况下工作。这样一来，负责人与管理者、相关部门的负责人员等很难信息共享，很容易产生误会。

这个时候，就需要业务流程图和要素整理表起作用了。要想提高有效性，需要将每一个步骤、每一个决策都详细分解。当发生问题的时候，是从哪个流程发生的？原因是什么？即使是初涉这个业务的人也能根据这个资料调查清楚。同时，为了保持其有用性，需要在每次工作之后将所获得的经验融入其中，使其始终保持在最新状态。

8.4 管理者的作用

要想将自工序完结的思想渗透到员工的工作中并稳定下来，管理者应起到至关重要的作用。

8.4.1　基于自工序完结思想对下属指示、指导

在日常工作推进中，领导遵循自工序完结的工作方法指示下属是非常重要的。举例来说，在指示下属工作的时候，为什么做那个工作？那个工作的背景是什么？要切实传达给下属，或者向下属询问，确认其对该工作的目的、目标是否正确理解。这些是在指导工作时非常重要的。

另外，在推进工作之前，管理者应让下属考虑该工作的流程，必要的时候写下来。管理者要和下属一起确认工作流程及良品条件是否有遗漏，是否会发生返工，并与下属一起讨论并修改。

在工作结束时，让下属回顾一下，记录顺利推进的事项并修正需要改善的事项，使其能够作为相关人员的经验与智慧被灵活使用。

特别是每一位管理者，都必须积极地将自己工作中的经验及知识转换为其他人能使用的知识。为什么这么说呢？这是因为负责人将知识及经验传承给别人时，他感受不到有什么好处。所以从管理者做起，管理者带头将自己的知识及经验形式化并留存下来，进而指导下属，体会这么做的好处。

8.4.2　通过知识及见解的传承提高工作的质量

1. 管理者的重要职责

将形式化以后的知识及见解整备好，使与该工作相关的人员都能够灵活使用，这是管理者的一个重要职责。管理者应从整理、整顿现在无法被作业者灵活使用的标准书出发，把握哪一个工作未做到自工序完结，指示下属对未做好的工作进行改善，通过增加能够完成自工序完结的工作项目，创造能够持续高效输出成果的职场。

在工作的负责人变化时，必须能够通过灵活使用最新的标准书，做到完整接替前任的工作，从而使新的负责人能够在前人的经验基础之上开始工作。这样可以将由于更换负责人而造成的工作品质降低的影响控制到最低限度，并且可以通过不断将负责人的经验融入标准书中这一方法，不断提高工作的质量。

工作能力提升概念图如图 8-6 所示。

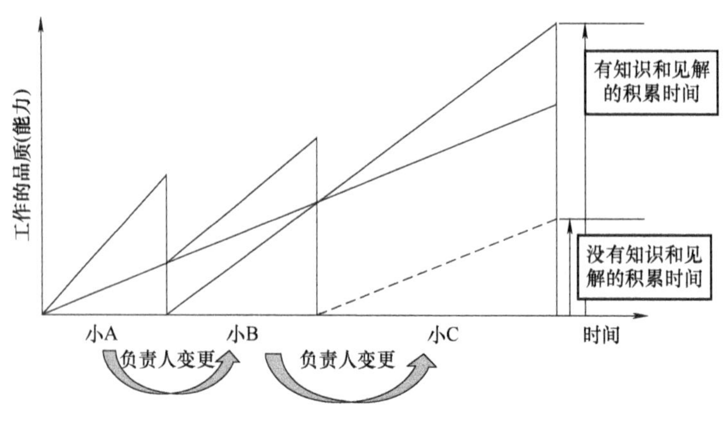

图 8-6 工作能力提升概念图

以上这些都是管理者的重要职责。

2. 自上而下地在全企业展开活动

在推广管理部门的自工序完结时，丰田面临着比推广制造部门的自工序完结更加严峻的局面。

首先，管理部门的业务大多具有挑战性，无法完全适应以重复标准作业为基础的自工序完结理念。

另外，不知道是不是想创造规范化人员的缘故，只要工序设计完善且良品条件具备，就有很多人完全不再期待变革。

但是，无论多么新的业务内容，只要将一个个决策在社会性规范允许范围内，不违背原理的条件下分解的话，其中的工序设计及良品条件的未知之处，只是很有限的一部分。

而需要创造规范化人员的这种情况，是指员工在业务工序设定不充分，且良品条件不具备的条件下忠实地做着本职工作，其输出成果少，且不会得到好的评价，一点都得不到别人的敬意。

对管理业务的自工序完结的理解有欠缺的人，根本做不到将业务工序分解到一个个决策的程度。另外，在那些由一个个决策组成的工序中，若员工们完全不了解相关部门的工序实施时间和所应接受内容以及工作之间相交的部分，就无法找到改善的突破口，只能仅凭一直以来的经验和感觉工作。

在丰田，本来也想像制造工序的自工序完结一样，以草根方式逐步推广，但是因为没有充裕的时间，最终决定将之作为公司方针，在全公司推行。因为有董事们的认可及人事部门的全面协助，活动得以顺利推广。

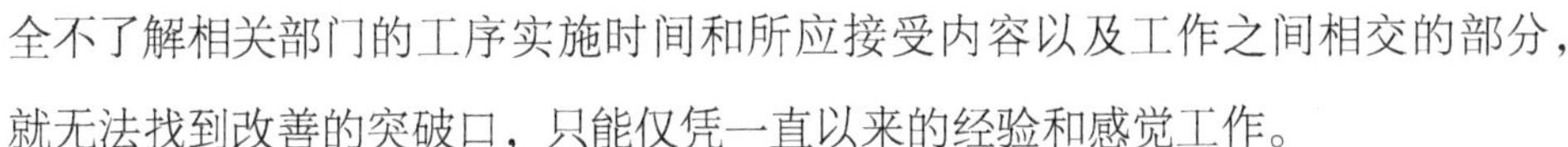

8.5 日常管理业务的实践事例

8.5.1 补给零部件准备工作的改善

下面介绍一下给丰田海外公共机关的“补给零部件准备工作”自工序完结的实践事例。

1. 概述

计数方法可能有不同，但是一般一辆汽车都会由大约 3 万个零部件构成。而完成车的修理及维护方面也需要大约同等数量的零部件，称作补给零部件。

举例来说，交通事故发生时，破损的挡泥板和保险杠等就是需要更换的零部件。而负责这些零部件准备的部门最重要的一件事，就是如何根据客户的需求准备零部件。

丰田的客户不仅仅是个人。还有公共机关、团体、企业等各种组织。不用说，不仅仅国内有需求，国外的需求也非常多。因此每天 24 小时都有从世界各地发来的补给零部件订单。因为耗时较长，发生预料之外的困难等原因，通常零部件很难顺畅运送。这样的情况会给客户造成麻烦，因而丰田对此开始了改善。

2. 课题认识

最初阶段，思考给客户供给零部件的目的是什么，明确工作的目的、目标

（见图 8-7）。这件事是管理部门进行自工序完结顺序的第一阶段。

引导责任部门明确这一点是理所当然的，也就是说要“在客户所要求的期限内，将有订单的零部件正确高效地发货”。

因此，从业务特性、工具、人的要素方面检讨了以上目标无法达成的原因，如图 8-8 所示。

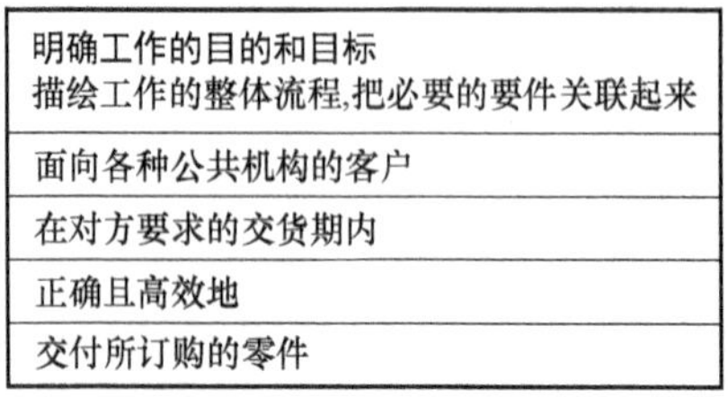

明确工作的目的和目标
描绘工作的整体流程,把必要的要件关联起来
面向各种公共机构的客户
在对方要求的交货期内
正确且高效地
交付所订购的零件

图 8-7　明确工作的目的和目标

面向公共机构准备业务不顺畅
业务特性:公共机构多种多样,非标准作业多
工具:有简单的说明书,但是新负责人难以理解
人:变更负责人时花费大量时间,交接事项不明确

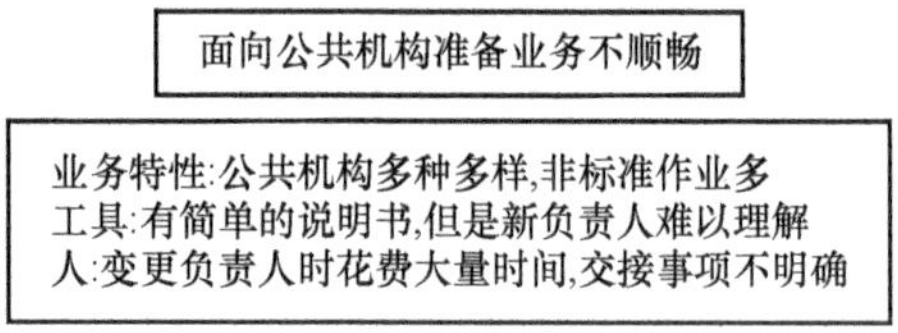

图 8-8　目标无法达成的原因

首先说一下这种业务的特性：这种业务与通常情况下的向一般的代理店的送货不一样，因为是与客户直接交易，所以订单的格式不一样，要想得到订单上必要的信息，需要进行该条件下的确认并解读相关内容。

其次，作业的工具只有简单的基准，新人很难理解。在变更负责人的时候，理解上花的时间比较长，交接内容的精度比较低。

在管理部门自工序完结流程的第二阶段“描绘工作流程（工序）”，对现状的流程进行了分析，如图 8-9 所示。

制作报价单
针对订单进行准备
跟踪回款
型号确认　价格确认
运输确认　报价单做成
共17个工序
订货内容确认
主要供应商确认
补给品确认
订货订单等

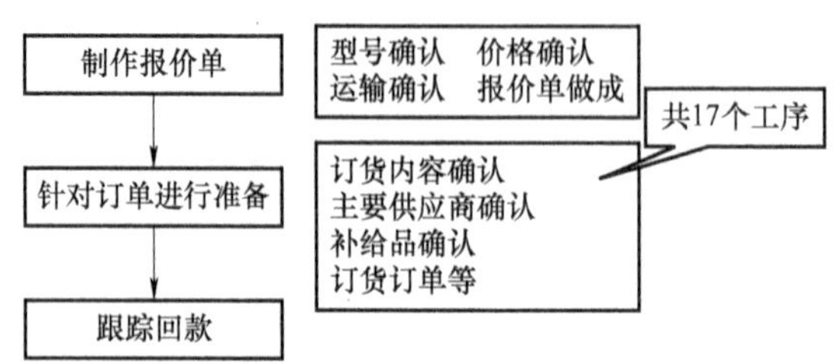

图 8-9　描绘工作流程

接到客户订单后，首先制作报价单，之后针对订单进行准备，最后跟踪货款到账情况。

这里面的“针对订单进行准备”的一步，需要经过 17 个工序。每接一个订

单，都要手填账票进行管理，并且每次都需要把 17 个工序的作业内容都想起来并做到。而且，一直以来使用的账票很繁杂，不易理解。

在这样的条件下，账票很容易发生遗漏，而且每次仅回忆作业步骤就会用很长时间，作业者不同，业务的完成度也各种各样。以上情况很容易给客户造成困扰。

3. 改善一

基于以上原因，改善人员将 17 个工序记录下来，进行了作业的统一。通过做这个工作，不仅可以明确所需做的作业，还很容易把握订单的情况。也就是说，描述工作的工序变得更加简单。如图 8-10 所示明确业务流程。

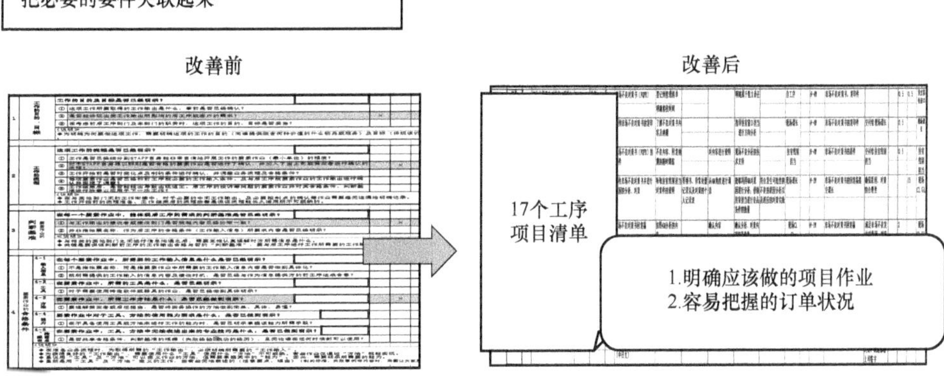

图 8-10　明确业务流程

4. 改善二

其次，改善人员将账票按照工序贴上标签，做到即使是初学者也能够充分理解，并且明确说明每个工序的目的，对难以理解的语言进行解说。

看到这张账票，就立即能够明白需要从谁手里获取信息，使用什么工具，怎样做，以及需要什么样的知识，这样的账票就成为实践性的规范。细化业务流程如图 8-11 所示。

向顾客提供的物品、服务	顾客(后工序)及其需求	与主要的公司内外关联机构(前工序)间相提供的物品、服务	应该做的事情	评价	衡量尺度及对标对象	竞争力现状及体现目前竞争力的"优势"
<业务名>	<顾客1> ·需求1(品质) ·需求2(期限) ·需求3	<关联机构1> ·物品、服务1 ·物品、服务2	<角度> (角度1:使顾客获得满足)		<尺度> (角度1)	<竞争力现状>
<物品> 1 2 3 4 5	<顾客2> ·需求1(品质) ·需求2(期限) ·需求3	<关联机构2> ·物品、服务1 ·物品、服务2	(角度2:追求业务的效率性)		(角度2)	
<服务> 1 2 3 4 5	<顾客3> ·需求1(品质) ·需求2(期限) ·需求3	<关联机构3> ·物品、服务1 ·物品、服务2	(角度3:人与机构的能力提升)		(角度3)	
			(角度4:信息基盘的整备)		(角度4)	
					<对标对象>	<优势>

向谁

提供什么服务、物品

赋含什么价值

在什么期限做到什么水平

图 8-11 细化业务流程

5. 改善三

虽然在零部件发货日确定那个时点，就告诉了客户产品的出货日，但是在订单中仍然记载着与制造部门协调过的接近于正确发货日的客户要求到货日期，很容易在传达信息时将发货日期混淆。因此要想给客户传递正确的出库日期，要在必要的账票上写明哪一部分的日期是正确的出库日期。这点是关于这个业务的良品条件（制造出良好产品的必要条件）。

通过这个方法，使得即使是初次负责此工作的人，也不会将错误信息传达给客户。

6. 成果

将"订单准备"工作工序标准化，使之能够对应所有种类客户的订单，并

且被正确执行，从而达到不论谁做都可以出好成果的状态。通过一系列的改善，新型体系前任负责人对新任负责人顺畅地指导成为可能。而且由于所有的标准都是通过软件制定的，很容易修改，这样也能防止陈旧化。

8.5.2　某工厂综合办公部的工作能力向上活动

某工厂综合办公部的工作能力向上活动遍及全员，首先是从“管理者开始进行意识的变革”。

1. 概述

工厂的综合办公部，是人事、安全卫生、生产管理等工厂运营必要功能的集合体。其各自的功能（以集团形式存在的组织）与总部的各部门功能紧密相连。在人才的轮岗方面，是在总部与各集团公司之间实施的，集团各公司内部的人员轮岗很少。

另外，经常发生不知道倾向于制造现场还是倾向于总部各部门的工作，从丰田的角度来说，就是工作的“客户不明确”，欠缺对工作使命的理解以及与工作的一体感。

2. 课题认识

有个“厕所事件”就是这种现象发生的典型例子——针对工作场所的员工增加，没有相应增加厕所。这主要是因为部门内的联络不足以及“当事者意识”欠缺。

对于客户（制造部门）的期待，管理部门各成员一直在找理由：“增加员工之前我把厕所给你配好。”以棒球为例，就是其中的“三垒手与游击手之间，谁也不主动去击球”的状态。最终导致综合办公部的信用逐渐丧失。

各集团成员的主张如下所述：

- 总务部门：增加员工的信息传达太慢。
- 环境部门：没有预算，不做准备。
- 人事部门：厕所属于人事管理么？

- 成本部门：希望控制在预算之内。

从制造部门的角度来看，“你们都是一个部门，磨蹭什么呢?”“厕所事件”归根结底是综合办公部的职场风气及管理者的问题。要尽快解除信用危机，需要在一位具备危机意识的领导者的带领下推进职场风气的改善。

3. 改善

综合办公部首先将整个部门的使命写成了清晰的条文。其中，将综合办公部工作的客户是制造部门这件事展开给全体人员。并且以“厕所事件”为鉴，领导者直属的项目组率先开展了“工作工序”改善的工作。综合办公部的主要业务有一项是：“安排出生产计划，根据生产计划设定必要人员（各工序生产时所需人员），并准备必要人员。之后评价生产效率和可制造性”。

公司内各部门虽然与总部各部门的联系非常紧密，但针对处于同一屋檐下的制造部门却没有那么紧密，各部门都按照自己合适的时间与制造部门进行沟通，并未把制造部门当作自己的重要客户。也就是说，各部门在工作上没有做到相互协同。例如，月别生产计划、要因调整业务等课题如图 8-12 所示。

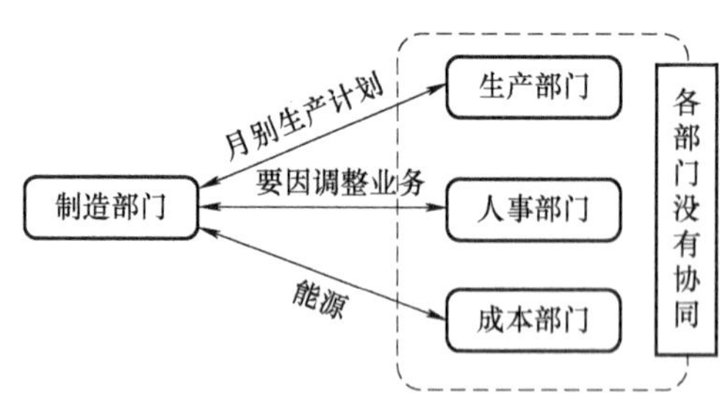

图 8-12　月别生产计划、要因调整业务等课题

如果将工作从生产计划到必要人员配备的整个业务流程横向“可视化”，就立即能发现生产计划与配备必要人员的时机完全不匹配。

事实上，一直以来人事部门都是根据一个月之前的信息来计算预计需要人员，并不是按照实时生产计划计算的。通常情况下，生产管理部门完全不关心必要人员的数量，都是按照自己工作的情况制定生产计划，进而召开生产会议。但是，在这个时点，人员的准备工作已经做完，制造部门不得不低效率生产。

工作现状流程如图 8-13 所示。

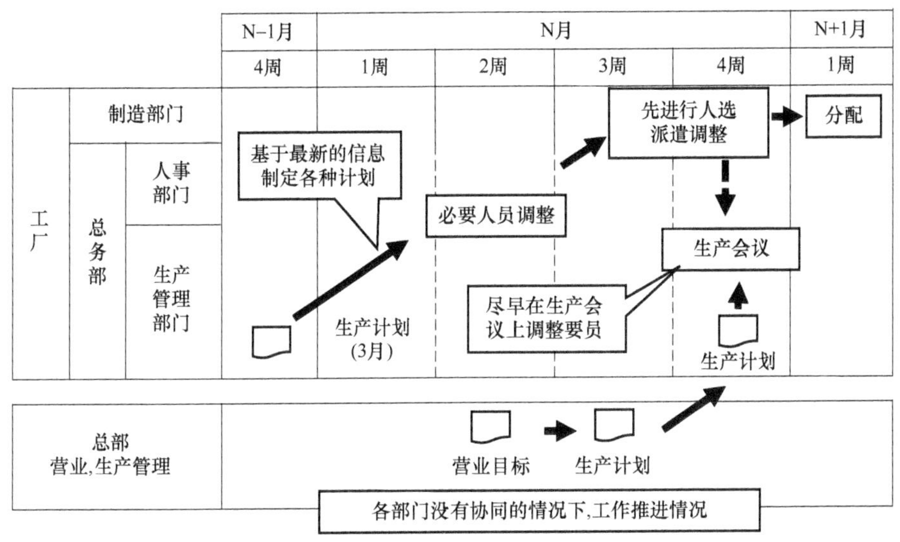

图 8-13　工作现状流程

领导者直属的项目组将工作顺序做了变更。首先，根据“从营业传达来的客户期望”制定“生产计划”，在全公司的必要人数调整会议之前，制作好次月的稼动对应方案。

其次，配合流程改善的工作顺序（见图 8-14），根据年度计划、修正计划制作好大体的方案，并以季度为单位，在 3 个月之前确定好计划——“尽早做人员准备”。另外，以计划是浮动的为前提，提前想好应对各种变动的方案。

另外，综合办公部与生产管理、人事、成本等部门组成统一的组织，以便对应制造部门的人员调整工作。

4. 改善效果

通过对各相关部门进行整合，对决策的顺序、时机进行改善，达到了在人员配备方面不会给制造部门造成困扰的效果。实施后的 2010 年的效率与 2009 年相比，在 2009 年的时候生产效率还会随着生产量的增减而变动，但是到了 2010 年，即使产量降下来，生产效率也完全没有降低。改善效果如图 8-15 所示。

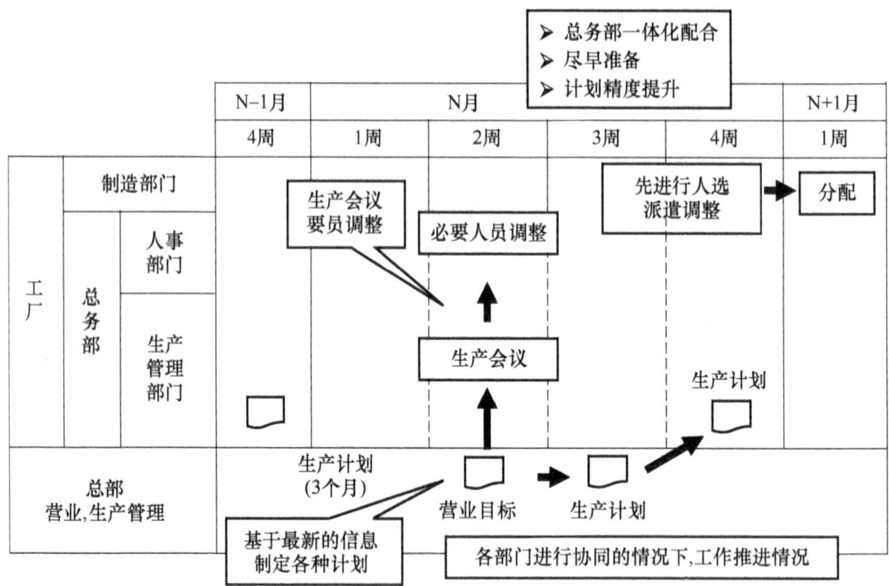

图 8-14 流程改善的工作顺序

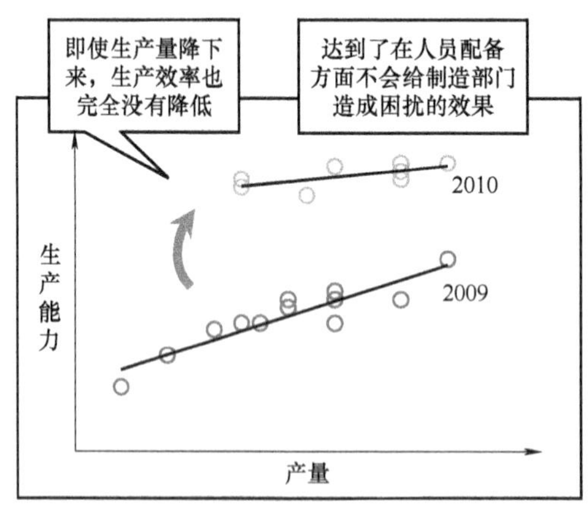

图 8-15 改善效果

8.5.3 外请讲师演讲会准备案例

这是管理部门进行自工序完结的第三个事例。人力资源的培训课把外聘讲师培训的准备做了自工序完结的导入，效率大幅度提升，新进员工的上手时间也大幅度缩短。外请讲师演讲会准备如图 8-16 所示。

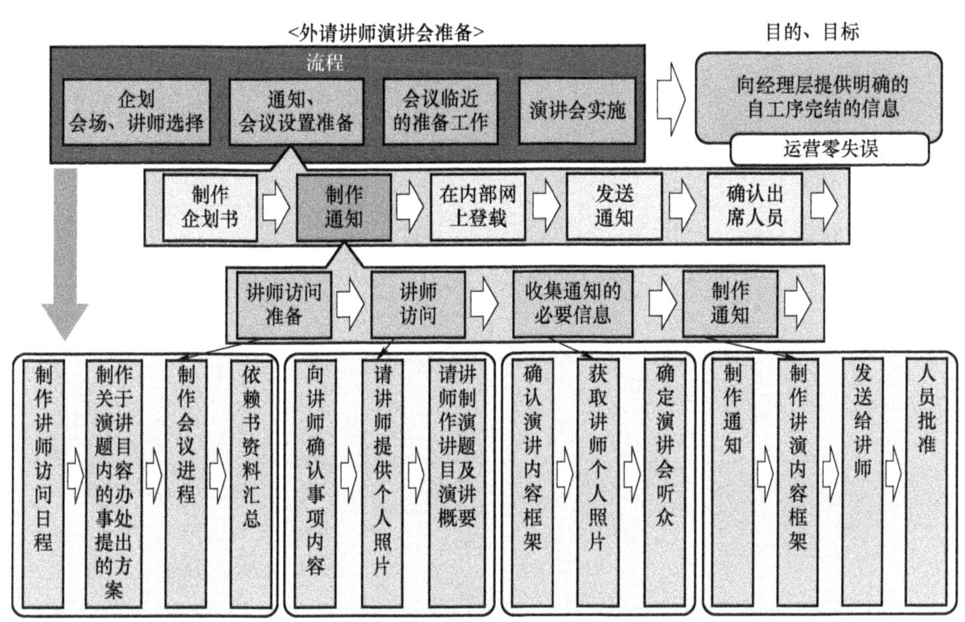

图 8-16　外请讲师演讲会准备

注：依赖书是在丰田内部，需要委托其他部门或人员协作时，发出的书面申请文书。

1. 课题

此项工作涉及的部门多，需要多部门协同配合，并且要前后衔接缜密，不能出现时间节点不匹配的情况。由于外聘讲师对公司的规则等不甚了解，经常出现讲师或者学员的不满，在多次的活动后也培养了一个能完成此项工作的人，但是如果他不在，别人将无法上手。基于此情况，决定利用自工序完结梳理整个流程，做到每一个工序（环节）都能达到良品条件。

2. 现状把握

与其他改善活动一样，这个改善同样是从将相关部门的工作流程“可视化”开始的。通过业务流程图将“错误”“遗漏”等情况挑选出来，用要素整理表列出问题点。用这样的方法，部门管理者和负责人确认作业要素的缺失部分，找出“要注意项目”和“不足项目”并追加到工作流程中。

3. 按照要素作业为保证工作输出合格，需要考虑哪些内容

保证工作输出合格需要考虑的内容如图 8-17 所示，具体如下：

1）工作所必需的前工序的信息是什么？

2）应该使用什么样的工具呢？

3）了解详细的工作方法吗？

4）自己一个人能胜任吗？

5）在什么时限之前制作？

6）有没有失败经验及注意要点？

图 8-17 保证工作输出合格需要考虑的内容

4. 把工作内容使用语言更换为自工序完结所使用的语言

自工序完结所使用的语言如图 8-18 所示。

5. 按要素作业对必要条件进行整备

明确产生工作输出所必要的合格条件（见图 8-19），并将判断是否合格的基准和明确产生工作输出所必要的合格条件不断积累，如此就能保证良品条件。

图 8-18 自工序完结所使用的语言

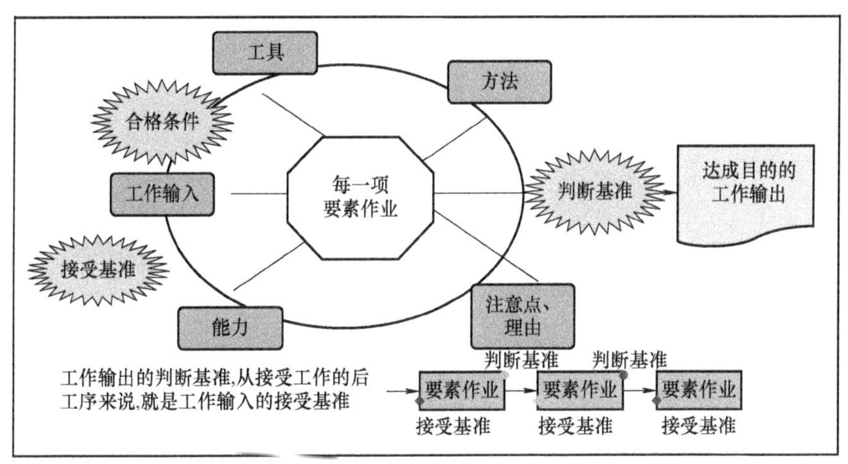

图 8-19 明确产生工作输出所必要的合格条件

6. 共享最佳工作方法

负责人将积累的成果吸收成为自己的东西，能够进行更好的判断，“问这个人就清楚了”“这条路上的专家”这都是以前的事情。现在大家共享最佳的工作方法（见图 8-20），并持续改善！

7. 履历、积累、环境整备

利用便利贴等可视化工具，将可以可视化的内容数据化、模板化，整备整体工作环境，不仅问题被解决，而且方法也被标准化。可视化如图 8-21 所示。

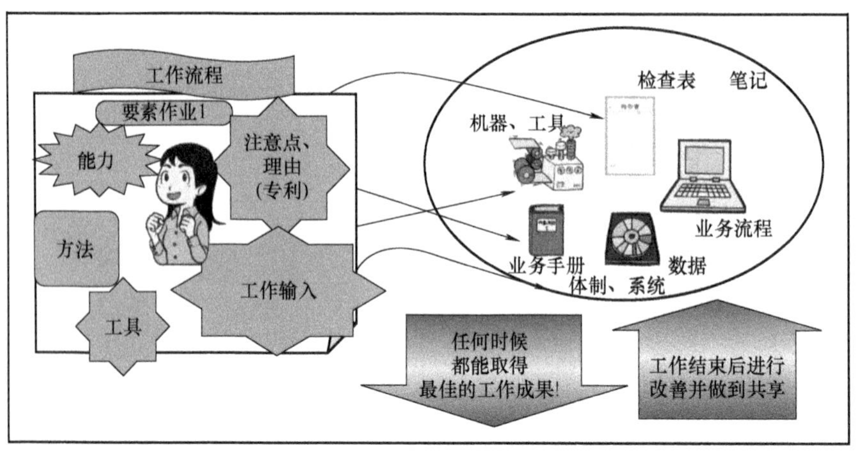

图 8-20 共享最佳的工作方法

前3个月	前2个月		前1个月		当月	第2个月
企划	通知~会议召开准备	临近的准备工作			正式演讲会	终了后处理~发行DVD
环境变化确认	企划书作成	讲师访问准备	邀请书准备	内部网页公告	邀请书发送(各相关部门)	邀请书模板

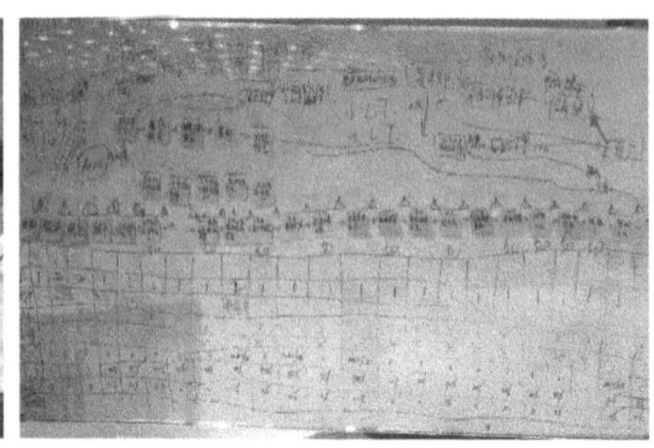

图 8-21 可视化

8. 实务运用——业务要素整理表

按照确定的规则进行工作，将反思、留意、工作的追加、变更等内容“留下述录”，完成业务要素整理表（见图 8-22）。

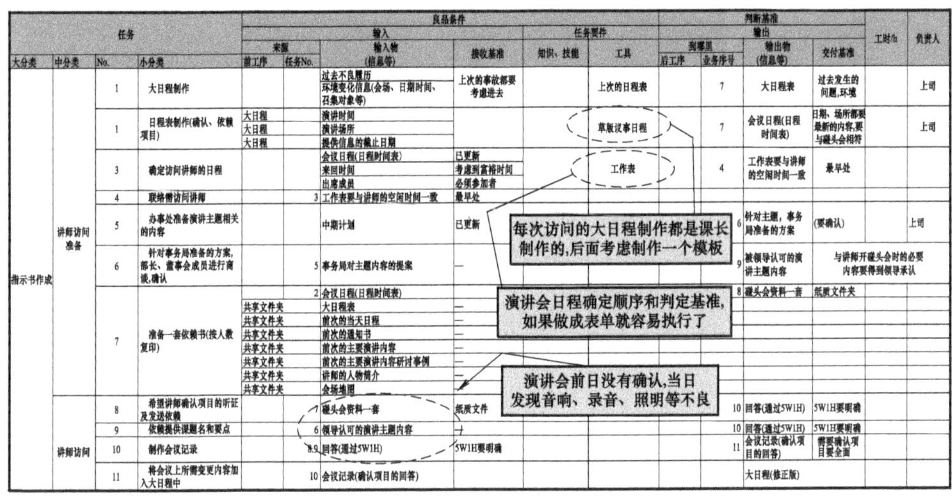

任务				良品条件						判断基准				工时/h	负责人
				输入				任务要件		输出					
				来源		输入物(信息等)	接收基准	知识、技能	工具	到哪里		输出物(信息等)	交付基准		
大分类	中分类	No.	小分类	前工序	任务No.					后工序	业务序号				
指示书作成	讲师访问准备	1	大日程制作			过去不良履历	上次的事故都要考虑进去		上次的日程表		7	大日程表	过去发生的问题,环境		上司
						环境变化信息(会场、日期时间、召集对象等)									
		1	日程表制作(确认、依赖项目)	大日程		演讲时间			草版议事日程		7	会议日程(日程时间表)	日期、场所都要最新的内容,要与碰头会相符		上司
				大日程		演讲场所									
				大日程		提供信息的截止日期									
		3	确定访问讲师的日程			会议日程(日程时间表)	已更新		工作表		4	工作表要与讲师的空闲时间一致	最早处		
						来回时间	考虑到富裕时间								
						出席成员	必须参加者								
		4	联络需访问讲师		3	工作表要与讲师的空闲时间一致	最早处								
		5	办事处准备演讲主题相关的内容			中期计划	已更新				6	针对主题，事务局准备的方案	(要确认)		上司
		6	针对事务局准备的方案,部长、董事会成员进行商谈,确认		5	事务局对主题内容的提案	—				9	被领导认可的演讲主题内容	与讲师开碰头会时的必要内容要得到领导承认		
		7	准备一套依赖书(按人数复印)		2	会议日程(日程时间表)					8	碰头会资料一套	纸质文件夹		
				共享文件夹		大日程表	—								
				共享文件夹		前次的当天日程	—								
				共享文件夹		前次的通知书	—								
				共享文件夹		前次的主要演讲内容	—								
				共享文件夹		前次的主要演讲内容研讨事例	—								
				共享文件夹		讲师的人物简介	—								
				共享文件夹		会场地图	—								
	讲师访问	8	希望讲师确认项目的听证及发送依赖		7	碰头会资料一套	纸质文件				10	回答(通过5W1H)	5W1H要明确		
		9	依赖提供课题名和要点		6	领导认可的演讲主题内容	—				10	回答(通过5W1H)	5W1H要明确		
		10	制作会议记录		8.9	回答(通过5W1H)	5W1H要明确				11	会议记录(确认项目的回答)	需要确认项目要全面		
		11	将会议上所需变更内容加入大日程中		10	会议记录(确认项目的回答)						大日程(修正版)			

图 8-22　业务要素整理表

9. 改善效果

以外请讲师演讲会准备流程为主线，将信息统一化，并且制作需办理事项专用的主页。因为上面记载该项准备所有手续的操作顺序，很容易实施且信息无遗漏。只要沿着上面规定的顺序，对各个项目逐一确认，就可以在短时间之内完成所有准备工作。通过这种形式，削减了部分工序，具体来说，来过公司培训的外请讲师的准备工作从以前的 26 小时减少到 2 小时；初次来公司的外请讲师的准备工作从原来的 32 小时减少到 4 小时。

8.6 企划、设计管理业务的实践事例

8.6.1　自工序完结的思想适用于任何工作

定常作业（重复频率高的作业）不再经常地重复失败，而是顺利地推进，工作人员就能腾出时间来挑战其他领域。前文所讲的 3 个改善事例，都是基于稳定化作业的改善。

一般来说，自工序完结是面向定常作业来推进的，但是如果处理得当，即

使在非定常作业、未知领域方面也会有效果。

8.6.2 将工作比作登山

如果将工作，特别是频繁重复的定常作业比作登山的话，它就像每周末的野游。因为已经多次攀登，整条攀登路线的长度、起伏、周围的景色，以及休息时点都烂熟于心。只要没有什么特别的变化，都不会出错。

与之相对的是，非定常作业基本看不到后续会怎么样，就像挑战未曾攀登过的8000米级别的高山一样。这样一来，要想挑战未知领域，需要基于过去的经验，预想可能的风险并为之做好准备。如果是经常攀登3000米级别的冬季山峰的话，因为有数次登山的经验，他们会根据过去的经验和见闻做一定程度的准备和计划。

但是，如果在未知的领域遭遇了身体不适以及天气恶化等无法预料的情况，就不仅是因为误判而无法登山的问题了，甚至都可能有遇难的风险。企业能够通过改善，将类似的预想之外的事情减少，是非常有价值的。

8.6.3 开发、设计业务方面的体系

下面以开发、设计业务为例，介绍一下非定常作业方面的自工序完结。无实物产品的开发设计工作与野游不一样，相当于向未曾登顶过的山峰挑战。

1. 树脂零部件设计流程及课题

组成汽车室内空间的零部件有很多，而在这些室内零部件中，对于会受到侧撞（由侧面造成的碰撞）影响的车门周围的零部件，需要做好安全对策。但是开发初期的设计流程无法做出能够评价侧撞性能的CAE模型，这样造成的结果就是，会经常重新修订做好的图样。可以想见，即使设计想对其做评价也做不成，因为在没有实体的条件下，根本就无法测评性能。

2. 致力于课题解决的活动体系

因此，利用SQC手法，在开发初期的设计流程中，丰田制作了一个用于评

价侧撞性能的预测公式。

首先利用 SQC 手法之一的“应答曲面法”，根据评价位置的变更预测荷重变化。之后利用“试验计划法”，通过规格、构造的变更来测定荷重的变化。也就是说在开发初期的设计流程中将侧撞性能预测公式作为良品条件使用。

3. 活动结果

图样重新制作，伴随着无可避免的众多改善前的分析流程。与之相比，在图样制作时利用预测公式对图样进行验证，每一步都进行验证，则大大提高了图样的完成度，降低了图样重复更改的必要性。

8.6.4　车体零部件开发业务的活动体系

下面介绍一件有效利用经验的事例——车体零部件开发业务。

1. 业务的概要和问题点

虽然发动机周围的零部件在汽车的零部件中起着重要的作用，但是在开发方面，发动机的规格、性能及在车体内的安装位置等，与前后工序的关联性更加重要。

换句话说，想要开发发动机相关零部件，不能只想着那些零部件，还需要充分考虑到与发动机及车体等相关的部门，以及前后工序的情况。

但是，因为一直以来的开发体系中都没有融入过去的不良或异常信息，所以始终在重复着同样的错误。

还有，因为前工序传过来信息的时间延迟，经常导致本部门的工作延迟。

因此为了解决这样的问题，丰田开始了这项改善活动。

2. 整备标准类，计划立案

一般情况下，开发、设计的工作会持续很长时间。发动机周围的零部件开发也不例外。为了使这一段时间的工作顺利推进，丰田把工作分成了三部分。

首先，确定大的流程，然后将之细化，最后将业务计划落实到以周为单位的时间段中。

在活动以前，负责人们对计划一个一个地立案。导致工作经验难以传承，计划立案也很耗费时间。这次将标准书整备好，并以之为基础指导下属开始下一期开发的计划。

标准书使开发的流程简单易懂，丰田制定了“业务流程图1级”“业务流程图2级”“周业务计划”三层级的业务流程 ，并且因为有效利用这三个层级的业务流程，计划的立案变得更加高效化。

3. 计划立案后与前后工序的同事们就作业流程达成一致

正如前述，围绕发动机周围的零部件所发生的问题，不是处理一个零部件就能解决的，那需要与发动机及车体等相关的部门紧密联系在一起，共同努力才能解决。

为此，需要与相关部门一起决定将什么样的信息在什么时点传达。但是，一直以来的情况是，前后工序对前后工作的交接、接续完全没有协调，没有共识过，都是按照本部门所计划的流程去推进工作。因此，借此改善机会进行了改善，将三部门的工作流程合在一起，待工作的接续方法及时间点达成共识之后再工作。

4. 在前后工序设定关卡点，确认进度

将一项工作高效地向前推进这一点非常重要。这个体系就是在相关部门之间设定关键节点（关卡），定期共享进度状况。在各个关键节点处设定通过的要点，之后在各部门达成共识后开始向下面的工作推进。

用这个方法有一个好处，就是企业很容易把握前后工序的工作进度，即使发生延迟，对应也很方便。此处的关卡，与制造部门的自工序完结上所说的品质门一样，是一种检查工序。

5. 通过合适的管理水平节点进行汇报

在工作管理方面，下属一直以来都是根据计划书向部长、室长、组负责人（Group Manager，GM）汇报，此次通过改进，根据各自的管理水平，在关键节点进行进度汇报。

具体来说，所制定的三级标准书，“业务流程图 1 级”适用于部长，“业务流程图 2 级”适用于室长，“周业务计划”适用于 GM，各级别领导能够充分理解工作的进度。这样的话，不但工作可以顺利推进，任何问题发生时，各级别领导都可以从自己的角度提供适当的建议。

6. 让全员参加业务标准书的制作及使用，并时刻改进

这个改善最重要的一点是，光制作好业务标准书不算结束，还要促使全员参与并时刻保持改进的姿态。直截了当地说，企业要以标准书为基础，持续不断地推动 PDCA 的循环。

举例来说，如果某个工作存在推进不顺利等问题，必须重新做一遍，并且修正这个工作的良品条件，然后将改过的部分作为新的经验反映到标准书之中。之后在下一个工作开始之前，进一步以最新的标准书为基础，将环境变化及前提条件变更的情况反映到工作工序以及良品条件之中，再开始工作。通过这样的循环，工作人员的经验会积累到标准书之中，并且传承给新的工作成员。

7. 活动成果

通过以上的活动，过去的异常渐渐地不再发生。特别是前工序的信息延迟情况变得越来越少，即使发生延迟，也能够通过三个部门一起合作来解决这种情况。具体成果如下：

第一，企划的提案能力有了质的飞跃。通过这个方法，极限性能实现了“可视化”，并且做到了在企划阶段就可以就完成策略达成统一意见。

第二，在人才育成方面，一直以来企划活动都是以熟练工为中心的，但活动之后即使是年轻的新人也可以参与到策划之中。实际上，从年轻人那里听到了这样的声音：“业务流程图上有着必做事项以及各个工作推行过程中所需的信息。另外，因为工作中还有领导的跟踪，通过工作进行培训很有效。”

第三，在管理方面的重大成果是能够更加清楚快速地掌握日常课题。在工时的计划与实际的回顾、工作效率化的最佳改善方法等方面也取得了一定的成果。

第 9 章 自工序完结的人“财”育成体系

9.1 自工序完结的实施要点总结

9.1.1 利用科学的方法保证品质

就像本书重复多次所说的，“不制造不好的产品，万一做出来了，要立即能检查出来并将机器停止”这一自働化理念就是丰田品质保证的原点。“品质在工序内造就”的自工序完结就是实现该理念的一个方法。

自工序完结的要点是，通过负责人能够当场判定好坏，使负责人能够自信地工作。为了达到这个目的，不仅需要工作细心，更需要科学的方法，即按照工序分解作业要素，灵活使用 SQC 手法，整备并改善良品形成的条件。

这里再重复一遍，保证不制造不良品的科学方法大体分为以下两类方法。

一是“品质靠检查来保证”的方法。这是以“会出现不良”为前提去检查最终的成果物品（即去除不良品），不良品发生后去调查原因并反馈给前面工序的活动。判断良好与否的是第三者。因此这是在每次发生不良后再进行对策的“再发防止型的保证方法”。

二是“品质在工序内造就”的工作方法。这是以“不制作不良品（无法做出来）”作为基本思想，管理影响品质的重要因素，在不良出现之前发现出现异常的征兆并采取对策的活动。这是对可能发生不良的所有相关因素采取对策的“未然防止型的保证方法”。不依赖于第三者检查，而是靠每一位作业者保证品质，也就是自工序完结。

9.1.2　整备并改善每一个工序的良品条件

自工序完结的体系，是对每一个工序的成果进行判断，通过这样的一个个积累来获得最终的成果物。从各个工序来看，无非是对每一个工序的良品条件进行整备和改善，这正是其科学性。

想要获得以上效果，需要对每一个作业要素进行分析，需要明确制造良品的三大要件。所谓三个主要要件，就是设计要件——物（良好设计），生技要件——设备（良好的工序、设备），制造要件——人（良好的作业方法、技能）。

关于管理方面的业务，需要明确工作的目的和目标。还要明确达成该目的、目标所必须经历的流程，并且明确每一个工序的判定基准和良品条件。

9.2　自工序完结是对人的挑战

9.2.1　自工序完结中领导者的作用

领导者要时刻为员工制定有挑战性的目标，同时领导者和员工一起完成这个目标，人喜欢做超过自己能力的事情，让员工挑战也是对人的信赖。那么什么是有挑战性的目标呢？首先有挑战性的目标方向要正确，就是做理论上和逻辑上可以达到的目标，比如笛卡儿的“方法论”中的零缺陷就是有挑战性的目标。于是基于这个目标，丰田的自工序完结诞生了。领导者还要告诉部下：“做理论上正确的事情，你就会有一个结果，这个结果可能达不到理想状态，但是足以改变现状。”在正确方向的指导下，要有付出不亚于任何人努力的魄力和觉悟，自工序完结是追求彻底地严格地完成所要求事项的体系，所以在实施过程中需要付出很多精力。在推进这个活动体系的过程中，领导者需要做好充足的心理准备。

9.2.2 对员工如何教育

丰田强调知识教育和技能教育的T字形人“财”育成体系（见图9-1）。

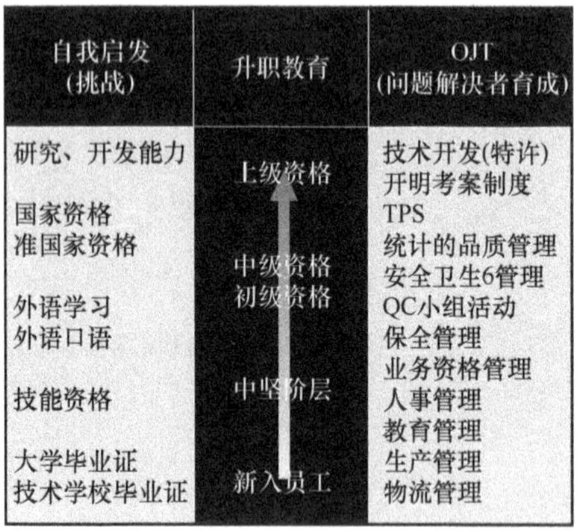

自我启发 (挑战)	升职教育	OJT (问题解决者育成)
研究、开发能力	上级资格	技术开发(特许) 开明考案制度
国家资格 准国家资格		TPS 统计的品质管理
	中级资格 初级资格	安全卫生6管理 QC小组活动
外语学习 外语口语		保全管理 业务资格管理
技能资格	中坚阶层	人事管理 教育管理
大学毕业证 技术学校毕业证	新入员工	生产管理 物流管理

图9-1 人“财”育成体系

通过自我启发获得知识，并且养成基本的素养，同时通过问题解决者育成（On the Job Training，OJT）使知识转化为能力，完成人才培养的循环，员工进入公司就会有一个清晰的职业成长路径（见图9-2），便于员工在某一个领域深耕，夯实一个又一个的自工序完结。如果员工今天在这个部门，明天又到另一个部门，自工序完结是不能实现的，前文已经讲过，自工序完结需要科学细致的工作，如果不给员工一个长周期以在固定岗位上进行思考和工作，就不可能完成自工序完结要求的工作量。

同时在每一个层级都有相应的能力要求（见表9-1），便于员工自己识别未来晋升要如何补齐自己的短板。

员工在晋升和成长的过程中，会有阶段性的评价，同时评价的着眼点（见表9-2）应使员工全部知晓，便于员工按照公司要求的方向自我努力。因为前文不止一次地提到自工序完结是利用科学的方法保证品质，同样培养相应自工序完结的员工也是利用科学的方法把握要素作业，同时通过阶段性的评价保证良品条件。

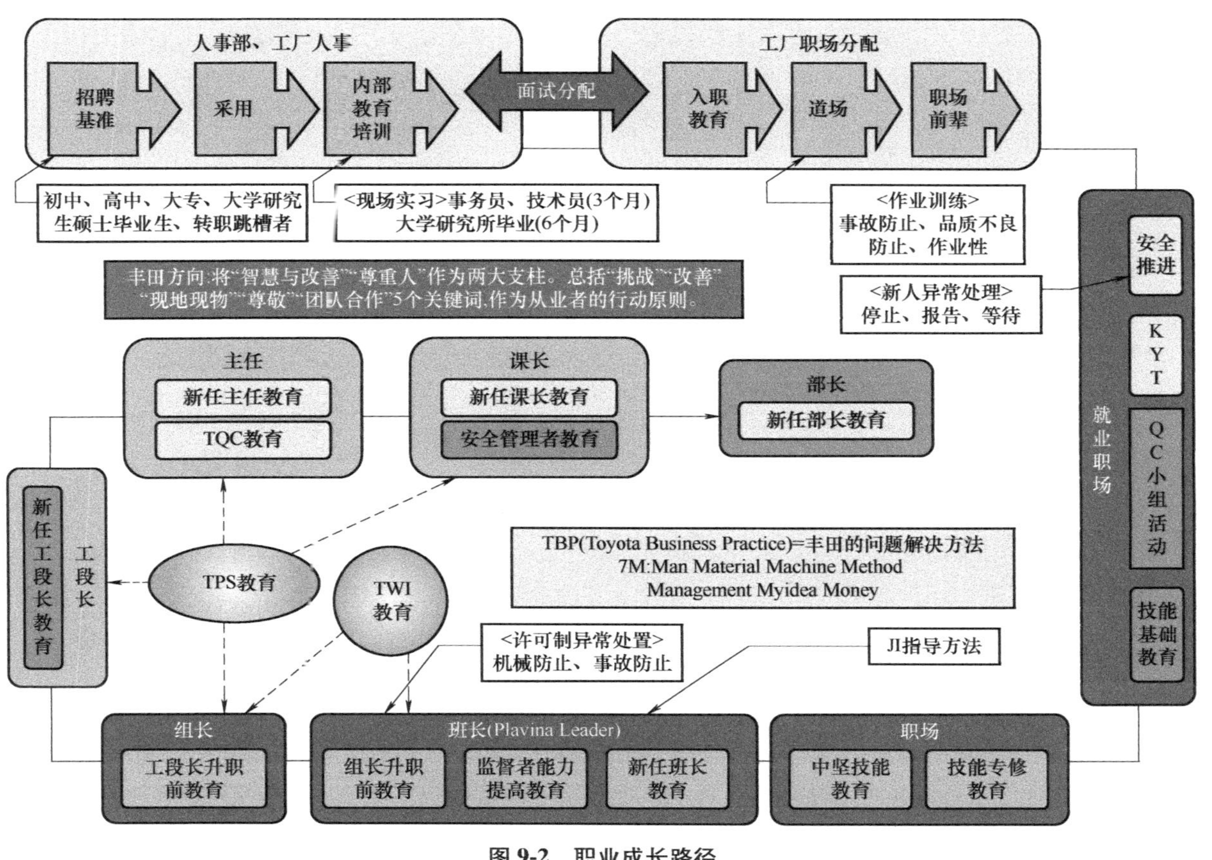
人事部、工厂人事
招聘基准
采用
内部教育培训
面试分配
工厂职场分配
入职教育
道场
职场前辈
初中、高中、大专、大学研究生硕士毕业生、转职跳槽者
<现场实习>事务员、技术员(3个月)大学研究所毕业(6个月)
<作业训练>事故防止、品质不良防止、作业性
<新人异常处理>停止、报告、等待
丰田方向:将“智慧与改善”“尊重人”作为两大支柱。总括“挑战”“改善”“现地现物”“尊敬”“团队合作”5个关键词,作为从业者的行动原则。
主任
新任主任教育
TQC教育
课长
新任课长教育
安全管理者教育
部长
新任部长教育
就业职场
安全推进
KYT
QC小组活动
技能基础教育
工段长
新任工段长教育
TPS教育
TWI教育
TBP(Toyota Business Practice)=丰田的问题解决方法
7M:Man Material Machine Method Management Myidea Money
<许可制异常处置>机械防止、事故防止
JI指导方法
组长
工段长升职前教育
班长(Plavina Leader)
组长升职前教育
监督者能力提高教育
新任班长教育
职场
中坚技能教育
技能专修教育

图 9-2　职业成长路径

表 9-1 层级能力要求

阶层		教育目的		教育手法	能力要项
管理者	首脑层	知识 概念 形成	Conceptual Skill 理论性逻辑性处理 解决问题的能力	讲义法 讨论法 问题解决法	概念性能力
	上级管理者 （部长、科长）				
监督者	中级管理者 （工段长）	知识 技能 态度	Technical Skill 固有技术能力 Human Skill 人际关系处理能力 Conceptual Skill 理论性逻辑性处理 解决问题的能力	讲义法 讨论法 问题解决法 OJT 法	人际关系处理能力
	初级管理者 （班长）				
员工	一般员工	技能 态度	Technical Skill 固有技术能力 Human Skill 人际关系处理能力	OJT 法 问题解决法	技术性能力
	新员工				

表 9-2 评价的着眼点

目的	意义	手段	实例	评价着眼点
1. 理论性、体验性的，直接结合工作 2. 问题解决能力的提高 3. 工作完成能力的提高	1. 在现场以设备，零部件，原材料，作业方式，人为实物教材进行教育 2. 能够在验证知识、技术的同时进行判断行动，并能进行思想、态度的教育 3. 能够将教育训练的成果反映在工作当中 4. 学员能够直接感受到成果，感受到成就感 5. 上司与部下能够达成相互理解 6. 三观主义	1. 工作教导方式 （JI-4R） ① 教材准备，激发动机 ② 做给他看（说明重点） ③ 让他试着做（并让他说出重点） ④ 指正错误，时刻观察 2. 教导方式与原则 <指导时的心理准备> ① 站在对方的角度 ② 由易到难 ③ 重视动机的激发 <指导方式> ④ 分多次进行指导 ⑤ 反复进行 ⑥ 技能性地进行指导 ⑦ 运用看、听、触等五官感受 ⑧ 加强对重点的印象	1. 标准作业书准备 （4 要素） ① T. T ② 作业顺序 ③ 标准手持数 ④ 重点项目内容 2. 表扬鼓励	1. 脱离标准 2. 作业迟缓 3. 不良品 4. 受伤 5. 重复生产 6. 停止、呼叫，等待 7. 烦恼、不平、不满 8. 考试、问卷调查、行动视察、报告书 9. 讲师指导力

在保证员工知识获得的同时，员工利用知识创造价值并实现自身知识向能力转化的过程也至关重要，在丰田这个过程叫作业务遂行能力考察，这个过程

的要素作业和良品条件一样要规定得科学合理。其中评价的良品条件见表 9-3。

表 9-3　评价的良品条件

职位	技能	技术	事务管理	营业	后勤
	生产现场	研究开发技术	所有事务 管理业务 电算业务	对外交涉	交通安保
部长	专门知识 关联知识 指导能力 判断力 对外交涉能力	专门知识 关联知识 指导能力 判断力 对外交涉能力	实务知识 关联知识 指导能力 判断力 表现能力	实务知识 销售能力 指导能力 判断力 行动能力	无
科长	专门知识 熟练度 建议能力、判断能力 组织能力 改善指导能力	专门知识 熟练度 建议能力、判断能力 组织能力 改善能力	实务知识 周边知识 建议能力、判断能力 组织能力 计划能力	实务知识 销售能力 建议能力 判断力 行动能力	无
主任 工段长	实务知识 经验程度， 计划能力 管理能力 改善指导力 QC 手法指导能力	实务知识 经验程度， 计划能力 表现能力、传达能力 管理能力 问题解决能力	实务知识 管理能力 表现能力、计划能力 诚实性 应用能力	实务知识 销售能力 表现能力、计划能力 诚实性 应用能力	实务知识 熟练度 诚实性 说明能力 应用能力
班长	实务知识 技能水备 管理能力 改善意识 QC 手法	实务知识 管理能力 观察分析能力 改善能力 问题解决 PDCA	实务知识 管理能力 说明能力 计算能力 诚实性	实务知识 销售能力 说明能力 努力程度 应用能力	实务知识 熟练度 诚实性 说明能力 体力、健康
一般	知识的验证判断 工作态度 敏锐程度 QC 手法 领悟能力	知识的验证判断 工作态度 持续能力 诚实、感受性 领悟能力	吸收能力 计算能力 工作态度 报告能力 社会常识	知识的检证判断 努力程度 说明能力 体力、健康 社会常识	理解能力 工作态度 持续能力 体力、健康 社会常识

业务遂行能力要素与评价见表 9-4。员工在业务遂行能力评价和考核的过程中，有实际的课题完成因素和上级领导的面谈评估，同时也有对自己部下的指导和培养等综合能力评估，这样员工就能够按能力被科学地分配到适合的岗位去，员工才能安心地在自己的工序深耕，把要素作业完成。

表 9-4 业务遂行能力要素与评价

职能考核			实际考核		
项目	定义	着眼点	项目	定义	着眼点
指导力	指导部下并使其遂行工作的能力	• 教授工作知识，验证、判断其能力，能够进行 OJT • JI-4R（工作教导方法），JR（工作关系），JM（作业方法改善），JS（安全作业） • 制作标准作业书，偏离标准之后能够进行正确的指导 • TPS 指导、多能工育成、相互促进、目标管理指导、工作计划书的制作、能辅佐上司 • 结论性会议的指导，数据解析，能够进行 PDCA 管理 • 能够培养问题解决型人才 • 能够说明并渗透精益管理理念	目标达成度	职场以及小组定量达成目标的情况	1）优先课题依照计划达成目标 2）目标值适当 3）对公司的利益贡献度 4）自己部门的努力度，其他部门的努力度 5）全员参与，确定分工 6）对策能够真正排除真因，现地现物观察 7）追求合理化，改善结构 8）不单纯追求成果，重视过程
交涉力	确保本公司利益，说服对方的能力	• 能够辅佐上司，贯彻上司、部下间的报告、联络、商谈 • 与其他部门间的交涉、联系、理论性、逻辑性地处理问题 • 看穿对方的兴趣，巧妙地激发其动机 • 人际关系良好，能够利用事件、行动、利益理论性地发挥其说服力	效率提高	消除浪费提高工作效率。产生利润	1）7 项浪费排除 2）解决不平、不满、抱怨、烦恼困扰的能力 3）切实改善问题的真正原因 4）能够判断外观效率以及真正效率 5）作业性、不良、成本、交期显著改善
实务知识	所担当工作相关的必要知识	• 能够解决安全（S）、品质（Q）、成本（C）、交期（D）的问题 • 能够担当专业技术知识的验证、判断以及执行 • 能够分析数据，现地现物地进行工作 • 通过问题解决性会议使公司成长的能力 • 能够理解精益管理概念 • 能够将 QC 手法应用于安全、生产、保全等 • 能够理解生产管理概念	责任度	坚持到最后的态度	1）能够负责任 2）不转嫁责任 3）照料部下，能够适当地进行商谈处理

（续）

职能考核			实际考核		
项目	定义	着眼点	项目	定义	着眼点
判断行动力	问题发生时向上司报告、联络、商谈。以及自己判断处理的能力。	• 战胜困难的能力 • 改善人际关系、解决问题的能力 • 信息情报收集解析处理能力 • 将公司内的不平不满、抱怨、困扰作为公司的财产，保持解决问题的创造能力 • 从大量知识当中吸取与工作相关的知识并发挥作用	积极度	对工作热情，共同成长的态度	1）较之知识，改善意识更高 2）对于好事不犹豫，马上着手 3）能够联合所有相关人员一起工作 4）不怕失败，引导成功 5）努力去做别人不爱干的工作 6）期望在工作当中发挥作用的自我启发力强 7）能够对部下进行适当的指导
QC 管理手法	利用 PDCA 解决处理问题的能力	• 问题课题化、优先化、真因追究、排除真因的分析能力，对策确认、再发防止、标准化 • 能够运行 QC 小组活动	信息处理能力	能够收集工作必要的信息，分析并反馈	1）能够组织信息，发现问题，明确并排除原因进行改善 2）分析数据，理论性、逻辑性地解决问题 3）保证信息不中断，能够进行有效的反馈，能够进行源流管理 4）不依赖于来自他人的信息，亲自现地现物地进行观察 5）与相关部门保持好的人际关系 6）正确把握相关信息，并及时向上司、部下进行报告

员工最终的能力会被量化，这样不论员工的知识水平还是业务遂行能力都被科学地量化成分数（见表 9-5），这个分数也会成为晋升的一个依据，同时丰田一直秉承“能力提升，工资反映”的原则。

经过这样一个 PDCA 的循环，员工的基本意识和工作方法得到了统一，这样的员工在丰田被称为“人财”，员工成了公司的财产。

表 9-5　业务遂行能力量化

项目			基备	着眼点		评价	着眼点		评价
态度考核	1	指导力	指导部下并使其遂行工作的能力	1	能够辅佐上级		8	能够进行 OJT	
				2	能够指导精益管理的理念		9	会 JI、JM、JR、JS（TWI）	
				3	能够培养问题解决者		10	会制作工作计划书	
				4	促进创意功夫活动		11	目标管理指导	
				5	TPS 指导		12	会制作标准作业书，脱离标准后能够进行指导	
				6	多能工育成		13	能够指导召开问题解决型会议	
				7	能够巧妙地激发员工动机		14	用 5W1H 来进行教育	
	2	交涉力	确保本公司利益，说服对方的能力	1	理论性地发挥其说服力		4	看穿对方的兴趣，巧妙地进行交涉	
				2	贯彻上司、部下间的报告、联络、商谈		5	能够保住本公司的利益进行交涉	
				3	能够理论性、逻辑性地处理问题		6	能够拉拢相关部门一起工作	
成绩考核	3	实务知识	所担当工作相关的必要知识	1	理解生产管理理念		4	能够召开问题解决型会议	
				2	理解精益管理理念		5	能够结合数据现地现物进行工作	
				3	能够使用 QC 手法解决问题		6	能够进行专业技术知识的验证、判断以及行动	
	4	判断行动力	问题发生时向上司报告、联络、商谈。以及自己判断处理的能力	1	改善人际关系、解决问题的能力		3	战胜困难的能力	
				2	将公司内的不平不满、抱怨、困扰作为公司的财产，解决问题		4	信息情报收集、解析、处理能力	
能力考核	5	目标达成	利用 PDCA 解决处理问题的能力	1	能够用 QC 手法解决问题		4	运用数据、三观主义进行工作	
				2	会使用 QC7 道具		5	会使用 QC 手法以及其他应用	
				3	能够追究真因，排除真因		6	成果达成	
评价方法（36个）			S级：○30个以上、A级：○25个，B级：○20个、C级15个以下				综合计级		

9.3 人在→人材→人财

毋庸置疑，企业是由人来支撑的。在企业中发挥重要作用，给公司做出重大贡献的就是人财。

- 人在，就是单纯的“存在”的意思，指人按照领导安排的工作去做。
- 人材，是上面所说的人中潜能多一些的，但是还是在一定范围内。
- 人财，是能够自己思考，能够更大限度发挥潜能的人，如财字所表明的，这些人成为公司的财产。

企业的成长、发展过程中，人财是必需的。人财源于每一个人的积极性。事实上，到了制造现场，会看到员工们在默默做着工作，同时也会遇到想方设法在改善作业的人。

举例来说，如果某工序作业起来比较困难，作业者就会想方设法改善作业。在现场通过这种行动努力创造良好成果，其实做的就是自工序完结工作。现场每一个人都在充分发挥自己的智慧。

管理部门也一样，思考客户的期望是什么，并做出相应的对策。时常想着“如何才能变得更好”之后尝试，最终获取成果。这样的人才增加得越多，公司就会越强，这也是丰田的成长及发展史。

推进自工序完结最重要的是“品质在工序内造就”，为此，要让每一个人都成为主角，让他们现地现物，一步一个脚印，彻底地推进持续改善。这样做下来之后，每一个人都对自己的工作抱有自信，能够充分感受到工作的快乐。基于这个信念，笔者期待国内行业进一步推动自工序完结，使品质保证工作上升到新的高度。